Denkmal!geschichten

Die schönsten historischen Bauten im Oberbergischen Land

Beschrieben von Barbara Fischer - Fotografiert von Wolfgang Grümer

Verlag Gronenberg

Denkmal!geschichten

Die schönsten historischen Bauten im Oberbergischen Land

Beschrieben von BARBARA FISCHER

Fotografiert von WOLFGANG GRÜMER

Verlag Gronenberg

Impressum:

Herausgeber: Hans-Leo Kausemann, Landrat des Oberbergischen Kreises

Redaktion und Layout: Ulrich Runkel

Titelbild: Angela Gambke, Grafik-Design, Gummersbach

Fotos: Wolfgang Grümer, Foto-Design, Nümbrecht

Luftbilder: Corneel Voigt

Archivbilder: Landeskonservator Rheinland

Druck: Gronenberg Druck & Medienservice, Wiehl

ISBN: 3-88265-216-0

Gefördert
durch die
Kulturstiftung
der Kreissparkasse Köln

Inhaltsverzeichnis: Seite

Zu diesem Buch

In den Titel dieses Buches über historische Bauten im Oberbergischen Land ist ein rotes Ausrufezeichen gesetzt. Dies hat mehr als nur gute grafische Gründe. Denn die vielen Bilder alter Gebäude der unterschiedlichsten Typen sind nicht allein als gefälliger Augenschmaus für Liebhaber architektonischer Leckerbissen gedacht. Angeregt werden soll in gleicher Weise das Nachdenken darüber, welche historischen Schätze sich in und hinter alten Mauern verbergen, welche Geschichten oberbergischer Menschen sich damit verbinden lassen, welche Entwicklung in hunderten von Jahren eine ländliche Region wie der Oberbergische Kreis und seine Bürger erlebt und oft auch erlitten haben.

Von daher gesehen bekommt das Wort „Denkmal!“ eine besondere Bedeutung. Es ist als Inhaltsbeschreibung zu werten, aber auch als Aufforderung zu verstehen.

Barbara Fischer, die Autorin dieses Buches, ist langjährige Mitarbeiterin beim Landeskonservator Rheinland. Sie ist vertraut mit den architektonischen Besonderheiten, die die oberbergische Region nicht nur Fachleuten, sondern auch interessierten Laien zu bieten hat. Barbara Fischer hat sich deshalb nicht allein auf eine sach- und fachkundige Beschreibung einer Auswahl historischer Baulichkeiten in den Städten und Gemeinden des Kreises beschränkt. Wie der Titel besagt, werden dem Leser Geschichten erzählt, Geschichten über Baudenkmäler und ihre Geschichte. Der Bogen wird weit gespannt - vom schlichtesten Bauernhaus bis zur protzigen Fabrikanten-Villa der Gründerzeit, von den Arbeiterhäusern in einer alten europäischen Industrieregion, der Wupperschleife in Radevormwald, bis zum ersten oberbergischen Hospital.

Nun wäre der sachkundige Text ohne die ergänzenden Fotos der schönsten historischen Gebäude unvollkommen geblieben. Für den Nümbrechter Fotodesigner Wolfgang Grümer war es deshalb eine ebenso reiz- wie mühevolle Aufgabe, fast 300 ausgewählte Objekte fotografisch ins rechte Licht zu setzen. Das war oft leichter gewünscht als getan, denn nicht selten versperrten Bäume die richtige Sicht oder Baugerüste machten ein gutes Foto unmöglich. Daß auch die ältesten Häuser heutzutage fast nur noch mit einem Auto im Vordergrund zu fotografieren sind, war aus Sicht des peniblen Fotografen ein Ärgernis. Aus Sicht des Historikers freilich sind auch Autos vor alten Häusern ein wichtiges Zeichen der Zeit.

Worte und Bilder sprechen für sich. Ich hoffe und wünsche, daß dieses Buch einen neuen Blick auf die Notwendigkeit des Denkmalschutzes eröffnet, daß Texte und Fotos Neugier auf bauliche Traditionen wecken und viele Besitzer alter Schätze bewegen, diese Schätze bestmöglich zu pflegen und zu erhalten.

Dank und Anerkennung verdienen nicht nur die Autoren. Möglich gemacht wurde auch dieses Buch durch die finanzielle Unterstützung der Kulturstiftung Oberberg der Kreissparkasse Köln. Mit deren Hilfe entstand nach dem Bildband über die schönsten Oberbergischen Kirchen nun das zweite Buch über prägende oberbergische Architektur.

Zu danken gilt einmal mehr dem Gronenberg-Verlag, der diesen Band in der bewährten Kooperation mit dem Oberbergischen Kreis produziert hat.

Gummersbach, im Herbst 1999

Hans-Leo Kausemann
(Landrat)

Vorwort der Autorin

Das vorliegende Buch soll als Beispielsammlung verstanden werden. Fotos und Text stellen wichtige historische Bauten und Baudenkmäler des gesamten Kreisgebietes in einer Überschau dar. Dies konnte wegen der großen Zahl der Objekte nur durch eine Auswahl von Bauten aller Bauaufgaben geschehen. Ziel war dabei nicht, allein die schönsten oder berühmtesten Beispiele auszuwählen. Vielmehr war zu zeigen, wie Geschichte anhand von Bauten für den interessierten Bürger anschaulich gemacht werden kann.

Dabei können Marktbrunnen oder Bruchsteinbrücken Anlaß sein, über die Entwicklung einer Stadt nachzudenken, in der diese Bauten oft viele Jahrhunderte überdauert haben. Architektur wird von Menschen genutzt und erhält über Plan und Ausführung hinaus eine eigene Prägung. Sie ermöglicht dadurch eine Identifikation ihrer Bewohner, der Nachbarn, der Bürger einer Kommune mit ihr auch auf kritische Weise.

Anhand der ausgewählten Beispiele soll die Phantasie der Bürger des Oberbergischen Kreises angeregt werden, die Schulen, Bahnhöfe, Wegekreuze, Bürger- und Bauernhäuser ihrer unmittelbaren Umgebung über ihre Geschichte „auszufragen". Burgen und Schlösser, von denen bedeutende Beispiele vorhanden sind, wurden bewußt ausgeklammert. Ihre Darstellung in ihnen angemessener Weise hätte den Umfang des Buches gesprengt. Für die Kirchen liegt bereits der Bildband „Erbaut zur Ehre Gottes" vor.

In den verschiedenen Kapiteln dieses Buches wird beschrieben, in welchen geschichtlichen, regionalgeschichtlichen und auch architekturgeschichtlichen Zusammenhängen jedes Gebäude oder Kleindenkmal zu sehen ist. Das öffentliche Leben, Wohnen und Arbeiten wird anhand historischer Bauten nachvollzogen, ebenso wie die Entwicklung des Verkehrs oder der wichtigsten Industrien in der Region.

Letztere sind für den Kreis besonders prägend, denn weniger Handwerk und Landwirtschaft als vielmehr die Industrie in ihren unterschiedlichen Bereichen hat Hausformen und Siedlungsstrukturen bestimmt. Zu einer Zeit, als das größte deutsche Industriegebiet im Ruhrrevier noch gar nicht vorhanden war, sich allenfalls in Ansätzen herauszubilden begann, gab es im Aggertal und an der Wupperschleife bedeutende Anlagen mit Wohnhäusern und Villen, die in dieser Dichte und Anschaulichkeit einmalig dastehen. Ebenso sind Talsperrenbau und Wasserregulierung Aufgaben, die einer gebirgigen Region entsprechen. Am Ende folgt ein Abschnitt über Ensembles und Silhouetten, in dem charakteristische und geschlossene Stadt- und Dorfkerne dargestellt werden.

Das alles wäre nicht möglich ohne die zahlreichen Bilder von Wolfgang Grümer, die dem Text erst die notwendige Anschaulichkeit verleihen. Dafür, daß diese schönen Bilder entstehen konnten, danken wir besonders den vielen Hausbesitzern, die bei der Produktion der Fotos oft großzügige Hilfe geleistet haben. Nicht verschwiegen werden soll freilich auch, daß einige Hausbesitzer buchstäblich die Hunde losließen, wenn Wolfgang Grümer mit der Kamera erschien. Etliche Objekte waren aus anderen Gründen nicht zu fotografieren: Hohe Bäume oder zu dichte Bebauung versperrten die Sicht. Bei einigen wenigen Gebäuden wurde deshalb auf Archivbilder zurückgegriffen.

Besonderer Dank gilt Heinrich Walgern. Er gab wertvolle Hinweise zu Einzelobjekten und übergreifenden Zusammenhängen. Weiterhin danke ich Iris Eger für ihre schreibtechnische Hilfe, durch die das Manuskript rechtzeitig fertig werden konnte.

Gummersbach, im Herbst 1999 — Barbara Fischer

Als die Ämter häuslich wurden

Mit dem gegen Ende des 11. Jahrhunderts einsetzenden Zerfall der gültigen Gauverfassung begannen die ansässigen Edelherren, eigene Landeshoheiten aufzubauen, in deren Folge sich die Territorialstaaten herausbildeten. Mit Graf Adolf I. wurde 1101 der erste Graf von Berg urkundlich erwähnt. Daneben gab es die Grafen von Hückeswagen, die Herren und späteren Grafen von Sayn und die Grafen von der Mark.

Adolf I. von Berg baute sich 1118 eine neue Burg, aus der das heutige Schloß Burg an der Wupper hervorging. Der namengebende Stammsitz, die nicht mehr vorhandene Wasserburg Berg am linken Ufer der Dhünn, verlor in der Folgezeit an Bedeutung.

1270 hatten die Grafen von Sayn die Wasserburg Holstein erworben. Auch sie errichteten mit dem heutigen Schloß Homburg ihren Amtssitz als Höhenburg auf dem nahegelegenen Berg. Zu den ältesten saynischen Besitztümern zählten die Vogteien Nümbrecht und Wiehl.

Das Zentrum der Grafschaft Hückeswagen, 1138-1260 selbständig, bildete die 1189 erstmalig genannte und zum Schutz des naheliegenden Wupperüberganges errichtete gleichnamige Burg.

Der Eigenbesitz der Grafen von Berg in Gummersbach ging Ende des 13. Jahrhunderts durch Heirat und Verpfändung in die Hände der Grafen von der Mark, die ihr Gebiet durch die ab 1301 von Rutger von Altena planmäßig angelegte Stadt Neustadt sicherten.

Im Süden war der 1167 dem Kölner Erzbischof Rainald von Dassel durch Friedrich Barbarossa verliehene Reichshof Eckenhagen nach mehrfachem Besitzerwechsel an die Grafen von Berg gekommen, die 1260 auf Burg Windeck eine Vogtei errichteten. In Waldbröl, Morsbach, Nümbrecht und Wiehl gab es Überschneidungen in den Besitzrechten der Grafschaften Sayn und Berg.

Zwischen 1350 und 1360 wurde das Territorium der Grafschaft Berg, ab 1380 dann Herzogtum, in Ämter eingeteilt. Für 1363 sind es neben dem aus der Vogtei hervorgegangenen Amt Windeck mit Eckenhagen, Denklingen, Morsbach und Waldbröl einmal das Amt und Kirchspiel Hückeswagen. Dieses war aufgrund eines Darlehens von 100 Mark, das Graf Engelbert I. von Berg dem Grafen Heinrich von Hückeswagen gegeben hatte, als Sicherheit zunächst unter bergische Verwaltung gekommen und 1260 in bergischen Besitz übergegangen, nachdem die Grafen von Hückeswagen ihr Eigentum für 220 Mark verkauft hatten. Es wurde Witwensitz der Gräfin Margaretha von Berg, die sich zugleich Frau von Hückeswagen nannte. 1298 entstand dann in Burg und Burgbezirk das gleichnamige Amt, während das Umland zu Bornefeld gehörte.

Zu nennen ist das Amt Bornefeld, das im Jahr 1271 zunächst als Gerichtsbezirk erstmalig erwähnt wurde. Es besaß keinen befestigten Amtssitz, im 15. Jahrhundert ist dann Wermelskirchen der Hauptort.

Weiterhin gehört Steinbach zu den Bergischen Amtsbezirken. Ihm angegliedert waren die Orte Wipperfeld, Lindlar, Engelskirchen, Hohkeppel und Wipperfürth. Ein befestigter Amtssitz ist ebenfalls nicht überliefert, jedoch soll in der Nähe von Untersteinbach eine kleine burgartige Anlage existiert haben, die eventuell im Zusammenhang mit einem grundherrlichen Besitz zu sehen wäre, ebensogut könnte sie auch der Oberhof eines Hofverbandes gewesen sein. Ende des 15. Jahrhunderts befand sich die Verwaltung des Amtes auf der Burg Neuenberg. Die Burg wurde um 1640 stark zerstört, ausgebessert und 1691 endgültig geschleift.

Zum Amt Beyenburg gehörten Radevormwald und Remlingrade.

Gegen Ende des Mittelalters gab es also im Kreisgebiet neben den bergischen Amtsbezirken das märkische Amt

Neustadt und die saynische Herrschaft Homburg. Die Territorien sicherten sich gegeneinander durch Landwehren. Der zugehörige Beamtenadel baute zusätzlich zahlreiche feste Häuser und Burgen. Im 16. Jahrhundert nahmen die Streitigkeiten um die Besitzrechte zwischen dem bergischen Amt Windeck und der Herrschaft Homburg zu. Der Siegburger Vergleich brachte 1604 die rechtliche Regelung des Problems: Morsbach und Waldbröl fielen endgültig an das Herzogtum Berg, die Vogteien Nümbrecht und Wiehl bildeten die Herrschaft Homburg.

Mit dem Tod von Herzog Johann Wilhelm I. begann 1609 der Erbfolgestreit um den bergischen Herrschaftsbereich, dessen Schlichtung im Vergleich zu Xanten erstmalig fixiert und 1666 mit dem Hauptvergleich zu Kleve endgültig geregelt wurde. Die Gebiete Kleve, Mark, Ravensberg und Ravenstein kamen zum Kurfürstentum Brandenburg-Preußen und das Herzogtum Berg unter die Herrschaft der Kurfürsten von Pfalz-Neuburg. Bei den Verhandlungen in diesem langen Klevisch-Jülichschen Erbfolgestreit hatte sich der auf Schloß Gimborn ansässige Graf Adam von Schwarzenberg, zugleich Brandenburgischer Minister besonders hervorgetan. Zum Dank wurde er mit dem märkischen Amt Neustadt belehnt, aus dem dann 1630 die reichsunmittelbare Herrschaft Gimborn-Neustadt wurde. 1781, als die nunmehrigen Fürsten von Schwarzenberg nach Wien übergesiedelt waren, verkauften sie die Herrschaft an die Grafen von Wallmoden.

Als Beispiele für Amtssitze aus vorpreußischer Zeit können das Vogteihaus in Gummersbach und das Amtshaus in Denklingen gelten.

Die Ankerzahl an der Straßenfassade des Vogteihauses in Gummersbach zeigt mit 1700 das Baujahr an

Auf dem Gelände einer einstmals im bergischen Besitz befindlichen Wasserburg liegt im Reichshof-Denklingen das ehemalige Amtshaus von Windeck. Es wird heute privat genutzt

Vogteihäuser

Bergneustadt, im 14. und 15. Jahrhundert Sitz von Drosten und Vögten, versehen mit Stadtgerichtsbarkeit, Ort des 1419 von Gummersbach hierher verlegten Vogteigerichtes, erlebte im 17. Jahrhundert, als es gemäß dem Vertrag von Xanten an Brandenburg-Preußen fiel und später in den Besitz der Grafen von Schwarzenberg kam, einen ungeheuren Bedeutungsverlust. 1638 wurde das Vogteigericht wieder nach Gummersbach verlegt.

Johann Pollmann errichtete hier 1700 das bestehende Vogteihaus Kaiserstraße 19. Der durch ein steiles Walmdach gedeckte Bruchsteinbau mit beidseitig anschließenden, eingeschossigen, ebenfalls walmdachgedeckten Anbauten ist durch Eisenanker in Zahlenform datiert. Über dem Sturz des straßenseitigen Mitteleinganges befindet sich die Inschrift: INHABITAMUS UT EMIGREMUS, darüber das Wappen der Familie Pollmann. Ein weiterer Eingang an der Rückseite liegt hinter einer zweiläufigen Freitreppe. Das Zentrum des Erdgeschosses bilden die zwei hintereinanderliegenden Dielenräume, mittels eines Durchganges verbunden, denen beidseitig ebenfalls verbundene Zimmer zugeordnet sind. Von der vorderen Diele aus führt eine barocke Treppe mit Brettbalustern ins Obergeschoß, in der hinteren befindet sich ein großer Kamin.

Das Amtshaus des ehemaligen Bergischen Amtes Windeck liegt auf dem Gelände einer Wasserburg, die im 14. Jahrhundert, obwohl in Homburgischen Gebiet liegend, im Besitz der Grafen von Berg war. 1413 wurde diese Denklinger Burg zum Offenhaus für Herzog Adolf VII. von Berg erklärt und 1433 als Schloß Herzog Adolfs von Jülich bezeichnet. Als die Burg Windeck, die bis dahin als Amtssitz diente, 1672 durch die Franzosen völlig zerstört wurde, verlegte man die Amtsverwaltung hierher. Erhalten ist bis heute das in der Mitte des Burgbezirkes liegende

Amtshaus, dazu das Torhaus, ein kleiner Pavillon und die Kapelle. Gräben und Wälle wurden in den dreißiger Jahren dieses Jahrhunderts eingeebnet, jedoch kennzeichnet der Verlauf der Hauptstraße im leichten Bogen den Umriß des Burgplatzes. Der Mühlenteich der ehemaligen Zwangsmühle blieb ebenfalls erhalten.

Das zweigeschossige Amtshaus aus verputztem Bruchsteinmauerwerk ist mit einem Mansarddach versehen, dessen Dachstuhl 1950 abbrannte. Bei der anschließenden Instandsetzung wurde es abweichend von der ursprünglichen Schieferdeckung mit Pfannen gedeckt. Der im Kern aus dem 15. oder 16. Jahrhundert stammende Bau zeigt heute Fensteröffnungen des 17. und 18. Jahrhunderts, teilweise mit Mittelpfosten und insgesamt mit Hausteingewänden. Am traufseitigen Eingang ist im Türsturz das Chronogramm zu lesen:

bat DVX (patrIae CaroLs theoDorVs arChIDapIfer) = 1778. Auf einer Steinplatte über der Tür ist das Datum *„Anno domini 1582"* angegeben.

Im Inneren blieb die aus einem Stamm gehauene, bis zum Dach reichende hölzerne Wendeltreppe erhalten. Zwei ehemals vorhandene Säle wurden durch Zwischenwände geteilt.

Das Torhaus, ein ebenfalls zweigeschossiger, aber unverputzter Bruchsteinbau mit breiter, heute vermauerter Durchfahrt, ist über der Tür *anno 1638* datiert. Zwei neben der Durchfahrt liegende Gelasse dienten früher dem Hochgericht Windeck als Gefängnis. Über dem Bogen der Durchfahrt sind Reste einer Inschrift erhalten. Der kleine, auf dem Gelände liegende, achteckige Pavillon aus Fachwerk mit geschweifter Haube diente als Badehaus.

Die Zeit der Preußen

In französischer Zeit wurde mit der Bildung des neuen Großherzogtums Berg (1806-1813) und des Generalgouvernements Berg (1813-1815) die alte territoriale Gliederung aufgehoben und zugleich mit allen, bis ins Mittelalter zurückzuführenden Traditionen gebrochen. Die französische Verfassung von 1799 wurde eingeführt und durch eine kommunale Neugliederung bisher geltende Abhängigkeiten abgeschafft. Jeder Bürger war dem Staat direkt unterstellt.

Die vorhandene ständische Gliederung verlor ihre Gültigkeit, der Kirchenbesitz wurde säkularisiert, das Zehntrecht der Kirche und die Grundsteuerfreiheit von Adel und Kirche aufgehoben, die Herrschaften Gimborn-Neustadt und Homburg dem Großherzogtum integriert. Nach der Verwaltungsreform vom 14. 11. 1808 gehörte das Kreisgebiet zu den Arrondissements Mülheim und Elberfeld des Departements Rhein und zum Arrondissement Siegen des Departements Sieg. Weitere Unterteilungen waren Kantone und Mairien.

Nach der Übernahme durch Preußen 1815 gab es in den Rheinprovinzen erhebliche Widerstände gegen die Einführung des Preußischen Rechtes. Als Ergebnis behielt das auf dem französischen „code civil" basierende sogenannte „Rheinische Recht" weiter seine Gültigkeit. Auch die im Unterschied zu Preußen für Stadt und Land gleiche Bedingungen schaffende Kommunalordnung nach französischem Vorbild wurde kaum abgeändert beibehalten.

Die Preußische Gliederung des Rheinlandes sah eine Einteilung in Oberpräsidien, Regierungsbezirke, Kreise und Kommunen vor. Der Oberbergische Kreis gehörte zum Oberpräsidium Köln, Regierungsbezirk Köln. Es gab fünf Kreise: Waldbröl, Wipperfürth, Lennep, Gimborn und Homburg. 1825 entstand aus den Kreisen Homburg und Gimborn der Kreis Gummersbach. 1929 wurde der Kreis Lennep mit dem Kreis Solingen zum Rhein-Wupper-Kreis, 1932 der Kreis Wipperfürth mit dem Kreis Mülheim zum Rheinisch-Bergischen-Kreis zusammengefügt und der Kreis Waldbröl mit dem Kreis Gummersbach zusammengelegt.

1975 entstand dann der Oberbergische Kreis in seiner heutigen Größe. Dem Altkreis Gummersbach wurden zugeschlagen: vom Rheinisch-Bergischen Kreis Engelskirchen, Lindlar und Wipperfürth und vom aufgelösten Rhein-Wupper-Kreis Radevormwald und Hückeswagen, die bis zu diesem Zeitpunkt noch dem Regierungsbezirk Düsseldorf angehörten. Mit der bald nach 1815 einsetzenden Vereinheitlichung aller Verwaltungsbereiche, der damit verbundenen Zuordnung neuer Aufgaben an die

Wie ein bürgerliches Wohnhaus ist das alte Gummersbacher Rathaus in der Schützenstraße gestaltet. Nur die Uhr im Dreiecksgiebel verrät die ehemalige öffentliche Funktion des Hauses

Das im Jahr 1889 angekaufte Althaussche Haus diente vor allem der Gemeinde Eckenhagen als Amtshaus

Kommunalverwaltungen entstanden zugleich neue Bauaufgaben, neue Gebäudetypen. Bauten der Verwaltung, Justiz, Post und anderer Behörden wurden überall im Land errichtet.

Nachdem man zunächst Räume für kommunale Verwaltungsaufgaben in älteren Bauten unterbrachte, entstanden im Laufe des 19. Jahrhunderts geeignete Neubauten. Für die Rathausbauten galt, daß sie frei in der Mitte der Stadt oder des Ortes ihren Platz fanden: Sie dienten dem Staat auch zur Repräsentation.

Rathäuser

Ein schönes Beispiel für die Umnutzung eines Privathauses in ein Verwaltungsgebäude ist das alte Amtshaus in Eckenhagen. 1889 kaufte die Gemeinde das sogenannte Althaus'sche Haus für 13 000 Mark an und richtete hier ihr Bürgermeisteramt ein. Das aus der Mitte des 19. Jahrhunderts stammende, verschieferte Wohnhaus fällt durch einen straßenseitigen, großen Dreiecksgiebel mit Thermenfenster auf. Nach dem Kauf wurde es um 1900 um einen seitlichen Gebäudetrakt mit überdimen-

Einem Bürgerhaus gleicht auch das ehemalige Bürgermeisteramt in Marienberghausen. Tatsächlich wurde das alte Haus Stöcker von der Gemeinde angekauft und für dienstliche Zwecke erweitert

sioniertem, mansarddachgedecktem Dachhaus erweitert. Um diese Zeit hatte man Eckenhagen und Denklingen zusammengelegt, mit getrennten Gemeindehaushalten von hier aus gemeinsam verwaltet. Diese Union wurde bereits 1907 wieder aufgegeben.

Das alte Rathaus von Gummersbach, Schützenstraße 11, wurde in den Formen eines bergischen Bürgerhauses 1853 errichtet. Über hohem Hausteinsockel ist es zweigeschossig, aus Fachwerk mit straßenseitiger Verschieferung und mit einem Krüppelwalmdach gedeckt. Den klassizistischen Gestaltungsprinzipien entsprechend hat seine Straßenfassade durch den die drei mittleren Fensterachsen überspannenden Giebel und den Eingang mit vorliegender zweiläufiger Freitreppe eine ausgesprochene Mittelbetonung

Das Bürgermeisteramt von Marienberghausen, Humperdinckstraße 8/10, kam durch Ankauf in den Besitz der Gemeinde. Als Haus Stöcker wurde es um die Mitte des 19. Jahrhunderts errichtet. Um die notwendigen Verwaltungsräume zu schaffen, wurde es durch einen Anbau erweitert. Zur Zeit des Kaufes, den mit seinem Amtsantritt Bürgermeister Karl Radermacher veranlaßt hatte, war Marienberghausen eine weitläufige Gemeinde mit 2 767 Einwohnern.

Das über talseitig hohem Sockel zweigeschossige, verschieferte Gebäude ist von einem Krüppelwalmdach gedeckt. Das Stöcker'sche Wohnhaus war ehemals fünfachsig mit Mitteleingang. Der zweiachsige Anbau mit weiterem Eingang wurde in seinen Formen so angepaßt, daß beide Teile in ihrer Gestaltung eine Einheit bilden. Verbindend wirkt das Dach und das kastenförmige, auf die Giebelseiten verkröpfte Traufgesims ebenso wie die in der Größe angeglichenen Fenster.

Auf dem mit Nieten beschlagenen Türblatt ist das „Gefängnis" von Dreslingen mit 1773 datiert. Rechts neben der Tür eines der Fenster, das mit eichenen Läden geschlossen und durch Eisenstangen gesichert werden konnte

Gerichtsgebäude

Vor dem 19. Jahrhundert sind spezielle Bauten für die Rechtsprechung eine Seltenheit. Das mittelalterliche Gericht tagte im Freien, an alten Opferplätzen oder unter großen Lindenbäumen. Nach und nach – mit dem Bedürfnis nach Wetterunabhängigkeit – entstanden entsprechende Gerichtslauben, separat oder als Anbauten an den Rathäusern, die aufgrund ihrer offenen Form größtmögliche Öffentlichkeit garantierten.

Die Unterbringung der Strafgefangenen erfolgte auf Burgen, in geeigneten Räumen der Stadtbefestigungen oder in eigens dafür errichteten Verliesen. So ist überliefert, daß die Gefangenen des bergischen Amtes Windeck in den zwei im Torhaus der Burg Denklingen vorhandenen Gelassen eingeschlossen wurden.

Ausgehend von der Einführung des „code civil" in französischer Zeit, dem „Rheinischen Recht" nach dem Anschluß an Preußen und schließlich der Einführung eines einheitlichen Rechtes nach der Reichsgründung 1871 wurden neue Gerichtsgebäude errichtet. In den Zentren der Rechtsprechung entstanden die bekannten Justizpaläste, die aufgrund ihrer Größe und Pracht die Bedeutung der Justiz eindeutig repräsentierten. Auch für kleinere Amtsgerichte, meist zuständig für einfache Strafsachen und die vorbeugende Rechtsprechung (Vormundschafts- und Nachlaßpflege, Führung der Grundbücher und des Handelsregisters) entstanden überall Bauten mit festgelegtem Raumprogramm und speziellen Gestaltungsvorschriften. Sie hatten freistehend in guter Geschäftsgegend mit guter Verkehrsanbindung zu liegen, das zugehörige Gewahrsam war uneinsichtig für die Straßenpassanten zuzuordnen.

Eines der typischen kleinen Amtsgerichtsgebäude aus Preußischer Zeit steht in Lindlar

Das „Gefängnis" in Reichshof-Dreslingen – ein Bruchsteingebäude – könnte seine Entstehung dem Vorhandensein eines alten Gerichtsplatzes verdanken, denn neben ihm steht eine alte Linde, ein typischer Gerichtsbaum. Der traufseitige Eingang des zweigeschossigen Baues ist mit einem nietenbeschlagenen Türblatt verschlossen, auf dem aus Nietenköpfen die Datierung *„Anno 1773"* aufgebracht ist. An einer Giebelwand finden sich zwei schmale, teilweise vermauerte Türöffnungen in jedem Geschoß, dazu Fenster mit eichenen Blockzargen und einer Sicherung durch Eisenstangen. Proportionen und Mauerwerk lassen vermuten, daß das „Gefängnis" älter als die am Eingang zu findende Datierung sein könnte.

Das Gebäude des Amtsgerichts Lindlar in der Pollerhofstraße 19 ist eines der typischen kleinen Amtsgerichte, wie sie in der Provinz errichtet wurden. In Lindlar geht die Rechtsprechung auf ältere Traditionen zurück, hier war der Sitz des Landgerichts des Amtes Steinbach und in französischer Zeit Standort des Friedensgerichts. Das zweigeschossige Hausteingebäude über unregelmäßigem Grundriß wurde in spätgotischen Schmuckformen gestaltet, wie sie bei zeitgleichen Gerichtsgebäuden häufig ihre Verwendung gefunden hatten. Dazu gehören auch die dreiteiligen Fenster mit gestaffeltem Sturz in profilierten Sandsteingewänden. Zur Funktion Lindlars als Gerichtsort trägt auch das Notariat Kamperstraße 1 bei. (Siehe auch Seite 67)

Aus der Zeit kurz nach 1832 stammt das klassizistische Postgebäude in Hückeswagen

Post und Verwaltung

Post und Verwaltungsgebäude waren typische Bauaufgaben, die im 19. Jahrhundert mit einem immer komplizierter werdenden öffentlichen Leben Bedeutung gewannen. Das Aufkommen einer engmaschigen und gut funktionierenden Fahrpost bildete eine der Grundlagen für die äußerst erfolgreiche Entwicklung von Industrie und Handel.1516 war zwischen Kaiser Karl V. und Franz von Taxis vertraglich die Einrichtung von Poststationen geregelt worden. Die Thurn und Taxis'sche Post war ab 1597 kaiserliches Regal, jedoch richteten schon ab dem 17. Jahrhundert viele große Landesfürsten eigene Postdienste ein.

1866 wurde dann die seit 1729 in Frankfurt/M. ansässige Zentralverwaltung der Thurn und Taxis'schen Post gegen Zahlung von drei Millionen Talern vom preußischen Staat übernommen, 1868 die Norddeutsche Bundespost und schließlich nach der Reichsgründung 1872 die Reichspost gegründet. Die vorpreußischen Poststationen befanden sich meist außerhalb oder am Rand der Städte, das Versorgungsnetz war bis in die 1. Hälfte des 19. Jahrhunderts hinein sehr weitmaschig.

Eine Posthalterei befand sich im Haus „Weißenpferdchen" in Lindlar-Hohkeppel. Dieses besteht aus zwei zusammengewachsenen Fachwerkhäusern von 1612 und 1688. Seit 1825 ist die Pfarrkirche Hohkeppel Eigentümerin des Gebäudes. (Siehe auch Kapitel „...Schöner wohnen" ab S. 43) Zu Beginn des 19. Jahrhunderts wurde der Oberbergische Kreis vor allem vom Postamt in Lennep versorgt. Von hier aus gab es „Expeditionen" nach Hückeswagen und Radevormwald, weiterhin zugeordnet die „Expeditionen" nach Gummersbach, Lindlar, Meinerzhagen, Ohl, Rönsahl und Wipperfürth, dazu Briefsammlungen nach Nümbrecht und Wiehl.

Für die Errichtung geeigneter Bauten waren zunächst noch die Länder zuständig. Nach Einrichtung des

Als Bielstein noch Hauptort einer Gemeinde war, entstand 1925 dieses in traditionalistischen Formen errichtete Postamt – ganz der Bedeutung des Ortes angemessen

Generalpostamtes in Berlin nach 1872 wurde ein Baubüro eingerichtet, das dann später zur zentralen Bauverwaltung mit untergeordneten Baureferaten bei den Oberpostdirektionen ausgebaut wurde. In kleineren Orten wurden oft vorhandene Gebäude angemietet oder übernommen.

Ein gutes Beispiel für die Einrichtung einer Poststation in einem übernommenen Gebäude ist Peterstraße 13 in Hückeswagen. Das nach den Eintragungen im Urkataster zwischen 1832 und 1860 errichtete Gebäude ist in dem auf Berliner Einfluß zurückgehenden Klassizismus gestaltet. Es ist zweigeschossig über nahezu quadratischem Grundriß, mit 3:5 Fensterachsen und durch ein Walmdach gedeckt. Die Mittelachse der Straßenfront betont ein dreiachsiger, übergiebelter Risalit mit Pilastergliederung.

Das Muster eines Postgebäudes der zwanziger Jahre des 20. Jahrhunderts steht in Wiehl-Bielstein Burgstraße 6. Der Stadtteil hatte noch 1861 aus zwei Kleinweilern bestanden. Durch die Entwicklung der örtlichen Industrie – Eisen- und Holzverarbeitung sowie eine Brauerei – wurde Bielstein zum Gemeindehauptort und Sitz der Gemeindeverwaltung bis zur Vereinigung mit Wiehl. Dieser Bedeutung entspricht eine eigene Bahnstation und eine Niederlassung der Post. Die Wahl des Baumaterials für das um 1925 errichtete Postgebäude folgt klar den örtlichen Traditionen. Das Erdgeschoß besteht aus grob bearbeitetem Haustein, das Obergeschoß ist verschiefert. Die spitzbogige Form des Einganges entspricht den zu dieser Zeit gültigen Formvorstellungen des Expressionismus, der Eingang mit einläufiger Freitreppe und der runde Eckerker mit rundem Helm werten das Gebäude auf, verleihen ihm einen offiziellen Charakter.

Das älteste Krankenhaus bzw. Hospitalgebäude des Oberbergischen Kreises steht in Hülsenbusch. Es geht auf eine Stiftung des Grafen Adam von Schwarzenberg – dem Herrn von Gimborn – zurück

Krankenhäuser

Über die mittelalterliche und frühneuzeitliche Krankenpflege im Kreisgebiet ist wenig bekannt. So ist überliefert, daß es schon vor 1511 in Wipperfürth ein städtisches Hospital gegeben hat, das anläßlich einer herzoglichen Visitation 1555 erwähnt wurde, 1585 eingeäschert und wiederaufgebaut. 1732 war wiederum ein Neubau nötig, der dann 1795 dem großen Brand zum Opfer fiel. Es wird kleine Hospitäler und Siechenhäuser gegeben haben, entstanden aufgrund von Stiftungen oder von Klöstern eingerichtet. Sie waren ohne Differenzierung Asyle für Arme, Alte, Sieche und Kranke. Typisch für sie war, daß Kirchenraum und Krankensaal eine bauliche Einheit bildeten. Man kann auch annehmen, daß in den Bereichen, in denen das protestantische Bekenntnis eingeführt wurde und die Klöster sich auflösten, Krankenpflege bald in die alleinige kommunale Verantwortung überging. Erst um 1800 bildeten sich schließlich spezialisierte öffentliche Einrichtungen heraus, die die stationäre Behandlung von Kranken übernahmen.

Das älteste erhaltene Krankenhaus im Kreis ist das ehemalige Hospital in Hülsenbusch. Als Teil der Herrschaft Gimborn im Besitz der Grafen von Schwarzenberg und später zusammen mit dem Amt Neustadt als Reichsherrschaft wurde Hülsenbusch unter Adam von Schwarzenberg Austragungsort für konfessionelle Auseinandersetzungen. 1631 versuchte Graf Adam hier den katholischen Gottesdienst wieder einzuführen, und er stiftete aus diesem Grund 1633 ein Hospital für Katholiken. 1765 brannte dieses zusammen mit der

Die „Burgbergklinik" in Denklingen erlebte ihre Einweihung im Jahr 1919 und dann eine sehr wechselvolle Geschichte bis zur Seniorenresidenz. Gesamtansicht (o.), links das Eingangsportal mit Freitreppe

Kirche ab und wurde wahrscheinlich in der Folge des Kirchenneubaues 1762-1772 neu errichtet. Der erste Hospitalbau war auf der Kirchhofsmauer errichtet worden. Die enge Bindung an den Kirchenraum wurde gelokkert, indem man den Neubau weiter südlich errichtete. Zu Beginn des 20. Jahrhunderts wurde das Hospital aufgelöst und verkauft. Mit der Verlegung des Hospitals von seinem Standort unmittelbar neben der Kirche hat man wahrscheinlich auf die sich in dieser Zeit herausbildenden Forderungen nach Hygiene Rücksicht genommen. Dazu gehörte die freie Lage mit umgebenden Grünflächen, Schutz vor Nordwinden, gute Belüftbarkeit des Gebäudes und die Nähe eines Bachlaufes. Die Krankenzimmer – nicht mehr Krankensäle – sollten möglichst einseitig an einem Flur aufgereiht sein. Der dreiflügelige, eingeschossige Bruchsteinbau mit überdimensionierten verschieferten Mansarddächern und Mittelbetonung durch einen achtseitigen Dachreiter wird diesen Ansprüchen durchaus gerecht. Die langgestreckten Flügel mit geringer Gebäudetiefe ermöglichen eine gut belüftbare Reihung der Zimmer, der großzügig bemessene Garten eine ruhige, klimatisch günstige Lage.

1910 faßte die AOK Wuppertal-Barmen den Beschluß, in Reichshof-Denklingen ein Genesungsheim zu errichten. 1913 wurde das Hauptgebäude eingeweiht, die Baukosten hatten ca. 1 Million Reichsmark betragen. Zu Beginn des Krieges wurde 1914 hier ein Lazarett eingerichtet. Im Jahr 1919 übernahm die Landesversicherungsanstalt der Rheinprovinz die sogenannte „Burgbergklinik" und richtete ein Lungensanatorium ein. 1932 erfolgte die Schließung aus finanziellen Gründen, 1936 die Wiedereröffnung. Im II. Weltkrieg war hier wiederum ein Lazarett eingerichtet, nach 1945 eine Lungenheilstätte. Seit 1947 Sanatorium der Landesversicherungsanstalt wurde die Heilanstalt 1977 geschlossen. Aus dem Gebäude ist inzwischen eine Seniorenresidenz entstanden. Der verputzte Ziegelbau des Hauptgebäudes ist 90 m lang und 9-16 m tief. Im Keller waren hier ehemals die Räume für medizinische Anwendungen, Bewirtschaftung und Versorgung untergebracht. Im Erdgeschoß lagen Aufenthaltsräume und Speisesaal.

Pfarrgüter und Pfarrhäuser

Ihrer Gestaltung nach sind Pfarrhäuser von bürgerlichen Wohnhäusern nicht zu unterscheiden, über die Aufgaben ihrer Bewohner waren sie jedoch in das öffentliche Leben ihrer Gemeinden eingebunden. Geburt, Eheschließung und Tod wurden vom Pfarrer bestätigt, bis in preußische Zeit unterstand ihm z. B. auch die Schulaufsicht. Die von den Gemeinden errichteten Häuser waren deshalb entsprechend groß und mit für diese Aufgaben notwendigen Räumen ausgestattet, auch mit Gästezimmern für Besucher und kirchliche Amtspersonen.

Eine Reihe historischer Pfarrhäuser im Kreisgebiet haben sich erhalten. Eine Sonderform stellen die Kirchengüter oder Wiedenhöfe dar. Sie sind landwirtschaftliche Anwesen, deren Erträge ursprünglich vorwiegend der Versorgung der Pfarrer und deren Familien dienten. Der Bau zusätzlicher Gemeinderäume oder großer Gemeindezentren für die Repräsentation der Gemeinden ergänzen seit 1900 das Programm, obwohl diese Tradition bis ins 18. Jahrhundert zurückreicht. Seit 1900 jedoch wurden sie meist als zusätzliche Versammlungsstätten errichtet und mit variablen Räumlichkeiten für Bibelstunden, Unterricht, Feste und Konzerte ausgestattet.

Das älteste erhaltene Pfarrgut steht in Nümbrecht-Windhausen. Es gehörte zur Pfarre Marienberghausen und wurde bereits 1591, kurz nach Einführung der Reformation, erstmalig genannt. Der bestehende Bruchsteinbau ist das Ergebnis eines Umbaus im 18. Jahrhundert, enthält aber wahrscheinlich noch Teile aus dem Ende des 16. Jahrhunderts. Auf regionaltypische Weise liegen im Gebäude Wohnteil und Stallbereich unter einem Dach. Es ist traufseitig erschlossen, die ehemals stichbogigen Fenster haben heute einen geraden Sturz. Im Inneren blieben Teile der alten Diele mit der Feuerstelle erhalten.

Das Kirchengut und Pfarrhaus der Pfarre Lieberhausen war bis 1835 das Gut Rosenthal, heute zum Stadtgebiet von Bergneustadt gehörend. Das 1762 errichtete Wohnhaus besteht aus einem Bruchsteinerdgeschoß und einem Fachwerkobergeschoß mit verschiefertem Giebel.

Das Pfarrgut Windhausen bei Marienberghausen ist das älteste im Kreis. Der Bau enthält noch Teile aus dem 16. Jahrhundert

Das Gut Rosenthal – heute im Stadtgebiet von Bergneustadt – war ehemals Kirchengut der Pfarre von Lieberhausen, errichtet wurde es 1762

Haus des Wiehler Pfarrguts am Pfaffenberg: Der alte Bruchsteinbau aus dem 18. Jahrhundert wurde durch eine Fachwerkkonstruktion erhöht (o.). Das Pfarrhaus Hülsenbusch stammt aus dem 17. Jahrhundert, wurde aber im 19. Jahrhundert umgebaut (u.).

Am Ortbalken befindet sich die Inschrift: PROV. III V 33. HABITACULO IUSTRORUM BENEDICTUR EXSTRUCTA EST HEC DOMUS IN USUM MODERN (?) PI GL STOLLE. FUTURORUM PASTORUM LIEBERHUSIENSIUM A.O.R. MDCCLXII ERECTAD VIII S IULII. DEOM CUSTODIAT ILLAM AB OMNI MALO V. PL. GL STOLLE FUTURORUM.

Pfaffenberg war Kirchengut der Kirchengemeinde Wiehl. Das im 18. Jahrhundert errichtete Bruchsteingebäude wurde später durch eine Fachwerkkonstruktion erhöht. Entsprechend seiner Nutzung als Gutshof hat sich hier als zugehörig eine Fachwerkscheune des 19. Jahrhunderts erhalten. Diese Erhöhung zum Drempel ist im Wiehler Gebiet häufiger anzutreffen. Sie erfolgte meist in der Mitte des 19. Jahrhunderts.

Ein sehr interessantes Beispiel für Pfarrhäuser in Stadt- oder Ortszusammenhang ist das Gebäude Islandstraße 55/57 in Hückeswagen. Hier wurde in einem älteren Gebäude, das auf eine frühneuzeitliche Tradition zurückgeht, das Pfarrhaus der Pauluskirche eingerichtet. Das laut Urkataster vor 1832, sicher im 18. Jahrhundert errichtete Fachwerkwohnhaus ist unmittelbar an einen Wehrspeicher, einen sogenannten „Steengaden" angebaut (Abb. s. S. 112). Dieser Gebäudeteil ist aus Bruchsteinmauerwerk, zweigeschossig über quadratischem Grundriß, sein Satteldach wurde vermutlich nachträglich aufgesetzt. Vergleichbar mit dem ebenfalls an ein jüngeres Haus angebauten „Steengaden" in Hückeswagen-Engelshagen könnte dieser Teil des Pfarrhauses noch auf das 16./17. Jahrhundert zurückgehen. Weiterhin wird anstelle des Pfarrhauses der Fronhof vermutet, von dem aus die Entwicklung der Freiheit Hückeswagen ihren Anfang nahm.

Das Pfarrhaus in Gummersbach-Hülsenbusch, Schwarzenberger Straße 42, stammt im Kern noch aus dem 17. Jahrhundert und wurde im 19. Jahrhundert umgebaut. Graf Adam von Schwarzenberg hatte in Hülsenbusch 1631 den katholischen Gottesdienst wiedereingeführt und zusätzlich ein Hospital für Katholiken gestiftet (s. S. 13). 1658 erreichten die evangelischen Bauernschaften jedoch die Wiederzulassung ihres Gottesdienstes, den Katholiken wurde an vier Feiertagen im Jahr erlaubt, die Messe zu lesen. Das Simultaneum hat aber nicht lange bestanden. Am zweigeschossigen Bruchsteinbau in 3:5 Fensterachsen wurde über dem traufseitigen Eingang eine Inschriftplatte mit dem Wappen der Apotheker angebracht, deren unvollständige Inschrift lautet: JOH. KLEINJUNG MARG. SELBACH CONIUGES.

Die kleine Ortslage Bergneustadt-Wiedenest mit ihrer in Teilen aus dem 13. Jahrhundert stammenden Kirche, die ab 1301 auch Pfarrkirche des neu errichteten Neustadt war, konnte mit ihren Fachwerkhäusern die Insellage bis heute bewahren. Zu den Gebäuden gehören das Haus des Küsters, das Pfarrhaus und eine ehemals zum Pfarrhaus gehörende Scheune, die zum Gemeindesaal umgenutzt wurde. Das Pfarrhaus ist zweigeschossig, aus Fachwerk und wurde wahrscheinlich im 18. Jahrhundert errichtet. Das Balkenwerk des Erdgeschosses ist profiliert, die Eckständer mit Volutenornamenten verziert.

Im hölzernen Sturz des erneuerten traufseitigen Einganges ist das Pfarrhaus in Lindlar, Pfarrgasse 3, 1766 datiert. Das zweigeschossige Gebäude besteht im Erdgeschoß aus Bruchsteinmauerwerk, im Obergeschoß muß man unter der Verschieferung Fachwerk vermuten. Das alte Walmdach wurde zu Beginn des 19. Jahrhunderts durch ein Krüppelwalmdach ersetzt. Im Inneren haben sich Reste der alten Ausstattung (z.B. Holztüren) erhalten.

In Waldbröl wurde das Pfarrhaus der evangelischen Gemeinde in der Oststraße 7 1825-28 in anderer Ausrichtung errichtet, als der Bau heute zeigt. Zu seiner Ausstattung gehörten 14 Zimmer. 1903 wurde es grundlegend renoviert und am 8. 10. 1905 eingeweiht.

Drei Pfarrhaustypen: Haus der evangelischen Gemeinde Wiedenest (o.), das Haus in Lindlar (M.) und das Haus der katholischen Kirchengemeinde in Waldbröl (r.)

Schon Anfang des 18. Jahrhunderts war in Waldbröl eine katholische Missionsstelle eingerichtet worden, zu der eine einfache Kirche gehörte, die 1763 ihren Turm erhielt. Das Pfarrhaus an der Inselstraße wurde im Jahr 1852 neu errichtet.

Das alte Pfarrhaus der evangelisch-lutherischen Gemeinde in Radevormwald, Burgstraße 8, wurde nach dem verheerenden Brand von 1802, dem Kirchen und Stadt zum Opfer fielen, 1803/4 errichtet. 1711/13 war ein Vorgängerbau entstanden. Nach „Reparaturen" im 19.

Drei Pfarrhaustypen: Haus der evangelischen Kirchengemeinde Waldbröl (o.), Haus der evangelisch-lutherischen Gemeinde in Radevormwald (M.) und Haus der evangelischen Kirchengemeinde in Eckenhagen

und beginnenden 20. Jahrhundert wurde es 1975 nach Befund restauriert und erhielt sein heutiges Aussehen. In ihm fand auch der kirchliche Unterricht der Gemeinde statt, denn 1895 richtete man sogar ein zweites „Katechisierzimmer" ein. Das in klassizistischen Formen gehaltene zweigeschossige Gebäude mit hohem, massivem Sockel ist völlig verschiefert und von einem Krüppelwalmdach gedeckt. Straßenseitig durch fünf Fensterachsen streng gegliedert, erhält es seine ausgesprochene Mittelbetonung durch einen drei der Achsen überspannenden Zwerchgiebel mit stehendem Ovalfenster und dem Eingang mit Oberlichtern und seitlichen Fenstern. Die vorliegende Freitreppe war ehemals einläufig. Klassizistischen Gestaltungsprinzipien entsprechen auch die Verdachungen der Erdgeschoßfenster und der Dreiecksgiebel über dem Türsturz.

In diesen Zusammenhang gehört auch das 1852 errichtete Pfarrhaus in Nümbrecht, Hauptstraße 52, ein Schieferhaus in Kirchennähe, zweigeschossig mit vorliegender Freitreppe.

Neben dem Pfarrhaus in Ründeroth, 1783 von Pfarrer Joh. Leop. Goes errichtet, liegt ein zum Wohnhaus umgebautes Backhaus. In einer für die Ründerother Region typischen Bauweise besteht dieses Pfarrhaus aus einem Fachwerkobergeschoß über Bruchsteinerdgeschoß. Die ebenfalls typischen Zierstile unter den Fenstern des Obergeschosses wurden als Zahlen ausgebildet. Über dem Eingang ein besonders großer Stil mit der Inschrift: POLHOEHE 50 GRAD 55 MINUTEN. Im Inneren blieben Wandschränke, im Pfarrgarten eine Sonnenuhr des 18. Jahrhunderts erhalten.

Im Sinne eines bürgerlichen Wohnhauses ist auch das Pfarrhaus Barbarossastraße 14 in Reichshof-Eckenhagen gestaltet. Das zweigeschossige Fachwerkhaus mit Krüppelwalmdach ist regelmäßig in 3:2 Fensterachsen gegliedert. Der traufseitige Eingang des um 1800 errichteten Baues hat seitliche Fenster, das Balkenwerk ist profiliert, das Dach durch Gaupen aufgelockert.

Gemeindezentren

Ein durch einen angebauten Saalbau erweitertes Pfarrhaus steht an der Hauptstraße in Morsbach-Holpe. Der Ort Holpe, ehemals „Marien Hölffe", war Zentrum des saynischen Teiles von Morsbach. Durch die Grafen von Sayn lutherisch geworden, löste es sich vom Kirchspiel Morsbach. Bis ins 18. Jahrhundert gab es hier in der Kapelle ein Simultaneum, dann setzten die katholischen Bewohner den Bau einer eigenen Kirche durch.

Das ehemalige Pfarrhaus Hauptstraße 14, ein zweigeschossiges, zweiseitig verschiefertes Fachwerkhaus, wurde durch zwei Anbauten erweitert. Einer davon ist ein Fachwerk-Saalbau mit spitzbogigen, mit verzierten Holzleisten gerahmten Fenstern. Das Gebäude steht somit am Anfang einer Entwicklung, die auch im Oberbergischen Kreis zu differenzierten Gebäudekomplexen wie dem Gemeindehaus in Gummersbach führte, das leider abgerissen und durch ein neues Altenzentrum ersetzt wurde.

Das Pfarrhaus der evangelischen Kirchengemeinde Holpe wurde durch einen Saalbau mit spitzbogigen Fenstern erweitert. (o. u. r.) Das Gemeindehaus am Bornerhof in Gummersbach (u.) war ein architektonisches Schmuckstück. Es wurde abgerissen und durch einen Neubau ersetzt

Dieser große Gebäudekomplex des Gummersbacher Gemeindehauses Bornerhof 2 war 1908 fertiggestellt. Die Pläne schuf der Architekt Heinrich Kiefer, wie später auch für die Stadthalle. Die über T-förmigem Grundriß ein- bis zweigeschossige Anlage bestand aus einem quergestellten Hauptgebäude und einem an dieses rückseitig und mittig anschließenden Saaltrakt. Das zweigeschossige, verputzte Hauptgebäude hatte einen Hausteinsockel und war walmdachgedeckt. Durch einen übergiebelten Risalit mit beidseitigen, eingeschossigen Erkern erhielt es eine starke Mittelbetonung, der darinliegende Eingangsbereich war zusätzlich durch Sandsteinrahmung und rundbogiges Portal hervorgehoben.

Das Haupttreppenhaus lag seitlich, außen erkennbar durch die nach oben gestaffelten Fenster an einer Schmalseite. Ein hochgestelltes Ovalfenster im geschweiften Rahmen, die geschweiften Fensterverdachungen waren Stilelemente, die an das bergische Haus erinnern. Der eingeschossige, verputzte Saalbau mit Lisenengliederung hatte mehrere Eingänge. Den Abschluß bildete eine Art Chorapsis, wie man sie vom Kirchenbau her kennt, der im Inneren das Sängerpodium entsprochen hat.

Schulgebäude

Bis zum Beginn des 19. Jahrhunderts kam man in ländlichen Bereichen ohne eigens für den Schulunterricht errichtete Bauten aus. Unterrichtet wurde im Wohnhaus des Lehrers oder in angemieteten Räumen. Die Unterweisung umfaßte meist nur das Notwendigste. Das Schulwesen unterstand der kirchlichen Aufsicht, jedoch gab es für die Schulen der Armen, den Heck-, Küster-, Winter- oder Industrieschulen weder verbindliche Lehrpläne noch einheitlich unter öffentlicher Kontrolle ausgebildete Lehrer. Häufig wurden sogar verabschiedete niedere Dienstgrade des Militärs eingesetzt und damit gleichzeitig wirtschaftlich versorgt, oder der Schule entwachsene Jugendliche arbeiteten sich mehr oder weniger schlecht als Lehrlinge in die Unterrichtstätigkeit ein.

Zwar setzten sich ausgebildete und aufgeklärte Pädagogen bereits im 18. Jahrhundert mit den Mißständen innerhalb der Volksbildung auseinander, ein entscheidender Schritt in Richtung Herausbildung eines funktionsfähigen Bildungswesens waren die Neuregelungen zur Zeit der französischen Besatzung. Ab 1802 wurde schließlich das Bildungswesen geordnet und in die Verantwortung der Städte und Gemeinden gegeben.

1814 startete dann die preußische Regierung eine Umfrage bezüglich Ausbildungsstand der Lehrer, deren Bezahlung, Umfang der Lehrpläne und Schülerzahlen. Die Ergebnisse bildeten dann die Grundlage für die Ausarbeitung erster, 1825 erlassener Regelungen in Rheinpreußen. Die entstehenden finanziellen Lasten wurden neu verteilt. Volksschulen unterstanden nun den Kommunen, diese hatten die Kosten für die Errichtung von geeigneten Bauten und für die Lehrerbesoldung zu tragen.

Zur Minderung der neu entstandenen Baulasten brachte man häufig Räume der Kommunalverwaltung, wie das Amtszimmer des Gemeindevorstehers, Gefängnisräume oder die Unterkunft der Feuerwehr, in den zu errichtenden Gebäuden unter. Schulgeld konnte erhoben werden, für Arme hatte der Schulbesuch unentgeltlich zu sein. Die Ausbildung der Lehrer war jedoch nur teilweise geregelt, und die kirchliche Aufsicht besaß weiter Gültigkeit.

1872 endlich wurde ein Schulaufsichtsgesetz und eine allgemeine Verfügung über Einrichtung, Aufgabe und Ziel der Volksschule erlassen und damit zugleich die kirchliche Zuständigkeit aufgehoben. Zuvor, 1868, waren bereits allgemeine Vorschriften über Bau und Einrichtung von Schulhäusern erarbeitet worden. Das galt für die Wahl des Bauplatzes, die äußere Gestaltung und Größe der Schulräume, die Art und Zuordnung der Lehrerwohnung mit Wirtschaftsgebäuden, die Anlage der Treppen und Verkehrsflächen, den Platz und den umgebenden Freiraum des Lehrers im Schulzimmer, die Anlage von Spiel- und Turnplatz, den Schulhof oder die Aborte. Es war genau vorgeschrieben, wie das Verhältnis von Raum, den darin zu unterrichtenden Schülern und Fensterflächen zu sein habe, das letztere an der langen Seite des Raumes anzuordnen seien und wo in der Mitte des Raumes der Ofen Aufstellung finden sollte. Auch spätere bauliche Erweiterungen wurden in diese Vorschriften einbezogen.

Der Platz war vorgeschrieben: Ofen in der Klasse

Der überwiegende Teil der alten oberbergischen Schulen stammt aus dem 19. und beginnenden 20. Jahrhundert. Man kann aber sicher davon ausgehen, daß in den Städten und zentralen Orten des Kreisgebietes schon zuvor Schulgebäude gestanden haben. Im 16. Jahrhundert gab es in z. B. Bergneustadt die einzige Schule der Region, die zur Hochschulreife führte. Weiterhin ist überliefert, daß z. B. 1764 unter Rektor Reiche in Gummersbach eine private Lateinschule gegründet wurde und in Hückeswagen seit 1828 eine höhere Lehranstalt unterhalten worden ist.

Zu den ältesten, erhaltenen Schulen gehört Barbarossastraße 6 in Reichshof-Eckenhagen. Schon seit dem 15. Jahrhundert soll es hier eine weltliche Schule gegeben haben. Nach dem großen Brand von 1777 wurde das zweigeschossige Fachwerk-Schulgebäude errichtet. Kirchstraße 4 in Bergneustadt ist ebenfalls ein zweigeschossiges Fachwerkhaus, um 1825 entstanden. Es liegt im Bereich des heute nicht mehr vorhandenen Burghauses im ehemals ummauerten Stadtkern. Beides, Burg und Stadtbefestigung, waren nach dem verheerenden Stadtbrand von 1717 nicht wieder aufgebaut worden. Fast aus der gleichen Zeit stammt das Schulgebäude in Hückeswagen, Neuenherweg 40, das im ältesten Teil 1817 errichtet und um 1850 erweitert wurde. Viele historische Schulhäuser entstanden zwischen 1860 und 1880, in der Zeit, als Größe und Ausstattung erstmalig verbindlich vorgeschrieben wurden. Dazu gehören Ründeroth, Hauptstraße 31, in späterer Zeit einseitig erweitert, Lindlar, Eichenhofstraße 8 und 8a, Marienheide-Gimborn, die Schulen in Reichshof-Nosbach, -Drespe, -Eckenhagen und -Oberwehnrath. Charakteristisch für sie alle ist, daß sie aus Bruchsteinmauerwerk errichtet wurden. Mit Ausnahme einer der beiden Schulen in Lindlar

Historische Stätten des Bildungswesens im Oberbergischen: Schule in Ründeroth (o.), Schulhaus in Bergneustadt (M.) und Schulhaus in Oberwehnrath

Schultypen: Bruchstein in Nosbach (o.l.), in bergischem Stil errichtete Schule in Brüchermühle (o.r.), Schule in Hückeswagen (o.) und Hollenberg-Schule in Waldbröl (u.), die heute als Rathaus dient

besitzen sie keine getrennten Eingänge für Jungen und Mädchen, wie es in dieser Zeit bereits bei größeren Schulen üblich war. Es überwiegen Winkelbauten, bei denen im quergestellten Kopfbau die Lehrerwohnung und im dazu mittig rechtwinklig anschließenden Trakt die Schulsäle untergebracht waren. Das zur Gruppe gehörende Schulhaus in Reichshof-Nosbach, kurz nach 1860 entstanden, wurde sogar 1923 durch den Gummersbacher Architekten Heinrich Kiefer umgebaut und erweitert.

Trotz der Typisierung der Gebäudeentwürfe empfahlen die Behörden den Bauherrn, sich bei der Gestaltung an der ortsüblichen Architektur zu orientieren. So wurden auch Fachwerkbauten gestattet, sie boten trotz größerer Brandanfälligkeit ein trockeneres Raumklima, als Vorbilder für diese kleinen Schulen dienten regionaltypische Wohnhäuser.

Einige der um 1890 entstandenen Bauten sind sehr deutlich in den Formen des bergischen Bürgerhauses gestaltet, mit Verschieferung, aufwendiger Rahmung von Fenstern und Türen. Dazu gehören z. B. die heute als Rathaus dienende Hollenbergschule in Waldbröl, die Schulen in Hückeswagen, Weierbachstraße 22, in Reichshof-Brüchermühle, in Wipperfürth, Lüdenscheider Straße, in Wipperfürth-Agathaberg, in Gummersbach-Strombach und in Gummersbach-Berghausen.

Seltener sind die meist um 1900 entstandenen, einfachen Backsteinschulen wie in Gummersbach-Becke (1904), Gummersbach-Lobscheid, Gummersbach-Hülsenbusch,

Schultypen: Prachtvoll wirkt das ehemalige Lehrerseminar in Wipperfürth, heute Teil des Engelbert-von-Berg-Gymnasiums (o.). Schlicht wirken hingegen die Backsteinschule in Hülsenbusch und die zur Arbeitersiedlung gehörende Schule in Dieringhausen (r.)

Wegscheidtstr. 2, oder Gummersbach-Dieringhausen, „Zur Aggerhalle".

Die Schule an der Straße „Zur Aggerhalle" ist besonders bemerkenswert. An das eingeschossige Gebäude mit einem Klassenraum und ohne Lehrerwohnung schließt unmittelbar als Anbau das Wohnhaus einer Arbeitersiedlung an, deren älteste Häuser wie die Schule um 1900 errichtet wurden.

Ein schönes Beispiel für den Bautyp einer höheren Schule ist das ehemalige königliche Lehrerseminar in Wipperfürth, errichtet nach Plänen von Baurat Faust vom Hochbauamt Siegburg. Nach dem Vorbild dreiflügeliger Schloßanlagen wurde es in den Formen des reformierten Historismus bis 1911 (Einweihung) errichtet. Besonders aufwendig ist der Mitteltrakt des verputzten Baues gestaltet. In ihm führen im Erdgeschoß zwei nebeneinanderliegende rundbogige Eingänge ins Innere, deren Türblätter und Oberlichter in reichen, neobarocken Formen gestaltet sind. Als Wiederaufnahme „bergischer" Schmuckformen sind die in die Oberlichter eingelassenen Laternen zu werten. Im Inneren des Lehrerseminars blieben zahlreiche Ausstattungsdetails der Bauzeit erhalten, dazu gehören zum Beispiel die Aula, die sich schon am Außenbau des Mitteltraktes durch hohe, gereihte Rechteckfenster abzeichnet, mit ihrer Kassettendecke und der Orgel.

Stätten der Freude und der Trauer

Zum Ende des 19. Jahrhunderts erlebte auch die Gesellschaft des Oberbergischen Kreises einen erheblichen Bewußtseinswandel. Dieser Wandel manifestierte sich schnell in repräsentativen Bauten und Anlagen, die zum einen mehr dem geselligen Vergnügen, zum anderen aber auch der Besinnung und der Trauer gewidmet waren.

Badeanstalten

Öffentliche Bäder setzen ein funktionierendes Wasserleitungs- und Kanalisationssystem voraus. Dieses entwickelte sich ausgehend von den Ballungsgebieten in der zweiten Hälfte des 19. Jahrhunderts. Die zunächst sehr einfachen Schwimmhallenbauten, deren Hallentrakte vergleichbar den Bahnhofshallen mit Eisenträgern konstruiert waren, wurden bald abgelöst von luxuriös ausgestatteten, detailreich gestalteten Einrichtungen. Daneben gab es aber auch, vor allem in den Wohnvierteln der Arbeiter, Reinigungsbäder und Volksbadeanstalten, denn Badezimmer gehörten damals bei Wohnungen für einfache und mittlere Ansprüche noch nicht zum Standard.

Die Einrichtung von Kanalisation und Wasserleitung 1900 ermöglichte in Gummersbach 1913 den Bau des ehemaligen Hohenzollernbades, des ältesten Hallenbades des Kreises. Neben der Stadt hatten auch engagierte Bürger finanziell zum Bau beigetragen.

Der in abgewandelten neobarocken Formen gestaltete zweigeschossige und massive Bau mit traufseitig anschließenden eingeschossigen Seitenflügeln unter abgewalmten Dächern erinnert in seinem Hallenteil an eine Basilika. Über eine allseitige, eingeschossige Umbauung mit strebepfeilerartigen Verstärkungen ragt wie der Obergaden einer Kirche die Halle mit ihren rundbogigen Fenstern. Die Pläne für das Hallenbad stammen von Heinrich Kiefer, dem Gummersbacher Architekten, der u. a. die Stadthalle in Gummersbach entworfen hatte (siehe auch nächste Seite).

Das historische Hallenbad war bei Redaktionsschluß dieses Buches wegen gravierender Mängel bei der Renovierung auf Dauer geschlossen.

Das älteste Hallenbad des Kreises ist nach den Hohenzollern benannt. Es entstand 1913 an der Moltkestraße in Gummersbach. Hier der Eingang

Die von Architekt Heinrich Kiefer geplante Stadthalle in Gummersbach: Gute Stube für die Bürger

Schützenhäuser und Hotels

Höhepunkte innerhalb der zur Verfügung stehenden freien Zeit waren für die Menschen des 19. und beginnenden 20. Jahrhunderts lokale oder nationale Feste, Gründungs-, Stiftungs- oder Jahresfeste der Vereine, verbunden mit Bällen, Festkommersen und Umzügen. Die zahlreichen unterschiedlichen Vereine vor allem boten Gemeinsamkeit und Betätigungsmöglichkeiten außerhalb der Häuslichkeit. Als geeignete Bauten mit entsprechenden Räumlichkeiten entstanden dazu Bürgerzentren, Tanzhäuser, Saalbauten, Schützenhäuser.

Die Ausweitung des Eisenbahnnetzes, die 1870 nach und nach einsetzende Gewährung von Erholungsurlaub für Unselbständige förderten alsbald die Reiseaktivitäten des Mittelstandes. Kleine Pensionen und Hotels, vor allem in Bahnhofsnähe boten Reisenden, Handelsvertretern oder Beamten geeignete Unterkunftsmöglichkeiten, und sie wurden häufig dafür neu gebaut.

Die Gummersbacher Stadthalle, Robertstraße 2, bekannt auch unter dem Namen „Schützenburg", wurde 1912 nach Plänen des bekannten Gummersbacher Architekten Heinrich Kiefer errichtet. Der Gebäudekomplex mit einem differenzierten, für die unterschiedlichsten Anlässe geeigneten Raumangebot ist zwei- bis dreigeschossig mit teilweise verputzten, teilweise verschieferten Außenflächen. Die Silhouette des am Hang weithin sichtbaren Baues wird durch eine sechsseitige Laterne mit Wetterfahne auf dem Dach betont. Risalite und eingeschossige Vorbauten gliedern die Langseiten des walmdachgedeckten Baues, seine Enden werden durch dreigeschossige, im Obergeschoß zurückspringende und mit geschweiften Hauben gedeckte Ecktürme betont. Die talwärts gewandte Langseite ist als Schauseite gestaltet, große Fenster belichten die dahinterliegenden Säle. Der Haupteingang befindet sich an der Schmalseite.

Die Eisenbahnstrecke von Morsbach nach Wissen/Sieg war am 1. 10. 1890 eröffnet worden und die Gemeinde hatte damit Anschluß an das Eisenbahnnetz erhalten. In diesem Zusammenhang ist der 1898 abgeschlossene Bau des Hotels „Prinz Heinrich von Preußen" zu sehen. Zu ihm gehörte auch ein Saalbau, der jedoch 1966 abbrannte. Lange Jahre war das Hotel nicht nur die wichtigste Übernachtungsmöglichkeit. Das Haus steht auch im Zusammenhang mit Ereignissen der Ortsgeschichte. So fand z. B. am 25. 2. 1946 hier die konstituierende Sitzung der vorläufigen Gemeindevertretung statt, lange bevor das benachbarte Rathaus errichtet wurde.

Umrankt wie ein Märchenschloß: Das ehemalige Hotel „Prinz Heinrich von Preußen“ in Morsbach

Jugendherbergen

Der kurz nach 1900 gegründete und von Richard Schirmann und Wilhelm Münker geführte Reichsverband für Deutsche Jugendherbergen hatte sich zur Aufgabe gestellt, entlang bevorzugter Wanderstrecken billige und gute Übernachtungsmöglichkeiten für Jugendliche zu schaffen. Die ersten Unterkünfte, die diesen Zweck erfüllten, entstanden durch Umbau historischer Gebäude (Burgen, Stadttore). Die erste deutsche Jugendherberge wurde dementsprechend auf Burg Altena im Sauerland eröffnet. Jedoch ging man bald dazu über, funktional besser geeignete Neubauten zu errichten. Vorbild für diese neue Bauaufgabe war in erster Linie die traditionalistische Reformarchitektur, wie sie als Abkehr vom Historismus von der Heimatschutzbewegung propagiert wurde. Wenn auch in der Folge Kirchen, Vereine oder Kommunen Übernachtungshäuser errichteten, stilbildend

Jugendherberge in Radevormwald - erbaut 1937. Der Vorgänger entstand schon 1911

waren die durch das Jugendherbergswerk errichteten Häuser. 1925 verfaßte Richard Schirmann Richtlinien für den Bau geeigneter Jugendherbergen. Er empfahl darin eine Dreiteilung des Hausinneren. Im Keller sollten die Sanitär- und Waschräume, der Fahrradkeller sowie notwendige Wirtschaftsräume untergebracht werden, im Erdgeschoß Küche, Empfangs- und Aufenthaltsräume, während im Obergeschoß die nach Geschlechtern getrennten Schlafräume einzurichten waren.

Die Wohnung der Herbergseltern hatte sich aus Gründen besserer Aufsichtsmöglichkeiten über beide Geschosse zu erstrecken und im Dachraum war Platz für provisorische Massenlager freizuhalten. Die Baumaterialien sollten dauerhaft und dabei leicht zu reinigen sein. Traditionsgebundene und regionaltypische Bauformen boten die beste Möglichkeit der Anpassung an die umgebende Landschaft. Vor allem in der Nazizeit, als der Reichsverband der HJ unterstellt wurde, übernahm man gern diese Formen, entsprach doch diese Architektur damals formell den Vorstellungen von Bodenständigkeit und Gemeinschaftserziehung. Die paramilitärische Ausbildung der Jugendlichen in Ferienlagern führte in dieser Zeit zu vielen Neubauten.

Der Waldreichtum und die vielen Wandermöglichkeiten im Oberbergischen Land sind ideale Voraussetzungen für die Errichtung von Jugendherbergen. Die erste Herberge im Rheinland wurde deshalb folgerichtig 1911 in Radevormwald errichtet. Nachfolgend zwei Beispiele, die stellvertretend diese zu Beginn des 20. Jahrhunderts entstandene Bauaufgabe anschaulich werden lassen.

Jugendherberge „Blockhaus" bei Eckenhagen: Seit Jahrzehnten für Wandervögel ein Begriff romantischer Gastlichkeit

Im Auftrag des Rheinisch-Bergischen Kreises wurde in Lindlar-Kapellensüng das im traditionalistischen Stil gehaltene Gebäude 1928/29 errichtet. Die Pläne schuf in Zusammenarbeit mit Regierungsbaumeister Ernst Stahl Kreisbaumeister W. Strässer. Um die Jugendherberge auch in Zeiten nutzen zu können, in denen man keine Wanderer erwartete, wurden eine Kochlehrküche, Räume für die Jugendfürsorge und eine Badeanstalt zusätzlich untergebracht. Auch ein Medizinbad und eine Schwesternwohnung neben der für den Herbergsvater waren vorhanden.

Das hohe Sockelgeschoß aus Bruchstein, die verbretterten Giebel entsprechen den Gestaltungsprinzipien der Heimatschutzarchitektur unter Verwendung bodenständiger Materialien. Die Obergeschosse sind aus Schwemmstein mit farbigem Außenputz. Unterstrichen wird die bodenständige Wirkung durch ein hochaufragendes Satteldach mit Schleppgaupe, das großräumige Möglichkeiten für Schlafsäle bietet. Die Fenster des Erdgeschosses sind zu Bändern zusammengefaßt, die den Gemeinschaftsräumen das nötige Licht geben können.

1938 übergab der Kreis die Einrichtung dann dem Landesverband Rheinland für Deutsche Jugendherbergen. In jüngster Zeit erfolgte zusammen mit inneren Umbauten die Umwandlung zum Wohnhaus.

1888 errichtete Heinrich Wiethase bei Eckenhagen einen Aussichtsturm auf einer der höchsten Erhebungen des Oberbergischen Kreises zusammen mit einem Landhaus. Wiethase, ein bekannter rheinischer Architekt, hatte in Kassel studiert und besaß seit 1863 in Köln ein eigenes Büro. Bekannt ist er durch seine Entwürfe für katholische Kirchen, so wurde z. B. auch die katholische Kirche in Reichshof-Denklingen nach seinen Plänen gebaut. Der Aussichtsturm ist dreigeschossig auf nahezu quadratischem Grundriß. Das Erdgeschoß ist massiv, darüber die Konstruktion verbrettert. Das Landhaus wurde in Fachwerk errichtet, zweigeschossig verschiefert und durch Dachaufbauten und turmartig überhöhten Eckerker malerisch gegliedert. Die abgesonderte Lage auf der Höhe hat beide Gebäude einer Nutzung als Jugendherberge geeignet erscheinen lassen. Der Name „Blockhaus" ist seit Jahren bei ungezählten jungen Leuten ein Begriff.

Ausschnitt: Der Marktbrunnen in Wipperfürth

Ein Marktbrunnen

Durch die Verleihung der Stadtrechte 1215 und ihre Bestätigung 1222 durch Erzbischof Engelbert von Köln ist Wipperfürth die älteste Stadt des Herzogtums Berg. Sie erhielt 1225 eigene Gerichtsbarkeit, 1267 Zoll- und Fischereigerechtigkeit, im Stadelhof wurden Tuche verkauft und 1275 verlegte man sogar die Münzstätte des Reichshofes Eckenhagen von Wildberg hierher. Das Stadtwappen, das 1267 erstmalig auf einem Siegel verwandt wurde, zeigt Wipperfürth von einer Stadtmauer mit vier Toren umgeben. Im frühen 14. Jahrhundert erfolgte der Beitritt zum Norddeutschen Hansabund. In dieser Zeit war die Stadt zu einem Zentrum der Textilindustrie geworden, es wurden Woll- und Baumwollwaren hergestellt. Große Brände zerstörten in regelmäßigen Abständen die Gebäude. Von den Zerstörungen des letzten Brandes 1795 blieben nur sieben Häuser am Markt verschont, vier davon sind bis heute an der Südseite des Platzes noch erhalten. Den Grundriß des ehemals ummauerten Stadtgebietes – Mauerreste haben sich nur noch auf dem Klosterberg erhalten – bestimmt der fast rechteckige Marktplatz im Osten, von dem drei Straßen in westlicher Richtung abgehen. Diese sind durch ein System parallel und quer verlaufender Gäßchen miteinander verbunden, die erst im 19. Jahrhundert vor allem als Brandfluchtwege befestigt wurden. Am Marktplatz stand das alte Rathaus, hier wurde nach dem II. Weltkrieg das heutige errichtet. Auf dem Platz soll 1331 ein Marktbrunnen entstanden sein, der erhaltene Brunnen stammt jedoch aus dem Ende des 16. Jahrhunderts. In seiner Nähe hat bis zum Brand von 1795 das Stadtkreuz gestanden, an dem Bürgermeister, Ratsherren und Gemeindevorsteher vereidigt wurden.

An die wechselvolle Geschichte der bedeutenden ehemaligen Kreisstadt erinnert dieser Marktbrunnen. Eine nur überlieferte Inschrift (vgl. Lit.Clemen) nennt als Errichtungsjahr 1331: ANNO MILES(IMO) TRICENTES(IMO) TRIGES(IMO) PRIMO JOH(ANNES) DE FORCHE ME FECIT.

Das Becken stammt aus dem Jahr 1590. Die Stifternamen sind nicht mehr lesbar, jedoch nach der in der Literatur genannten, seit 1842 bekannten Überlieferung als Letherbodt, Johann Eslei, Johannes Langenberg, Melchior Ortan und Johannes Hovermann übermittelt. Ein ehemals vorhandener turmartiger Aufsatz auf dem Mittelpfeiler wurde 1833 entfernt, 1863 durch eine Statue des Hl. Engelbert ersetzt, die 1911 wiederum entfernt und stattdessen eine Figur des thronenden Engelbert aufgestellt wurde. 1937 wurde auch diese Figur durch den bergischen Löwen ausgetauscht.

Das achteckige Becken aus Basaltlava ist ca. einen Meter hoch und hat einen angenommenen Durchmesser von 3,60 m. Die acht Seitenteile sind jeweils dreifach durch profilierte Rippen in ein breites Mittelfeld und zwei schmalere Seitenfelder geteilt. Auf einer Seite das Wappenrelief mit der Inschrift LUTHERUS LA(N)GENBERG 1590, das wahrscheinliche Entstehungsdatum. Auf weiteren Seiten folgen sieben Wappen mit Hausmarken und Initialen, nur die Namen LANGENBERG und HUVERMANN sind lesbar und identifizierbar.

Eine Bronzeplatte hat folgenden Inschrifttext: DIESER BRUNNEN WURDE I. JAHRE 1914 VOM VERSCHÖNERUNGSVEREIN WIPPERFÜRTH E.V. NACH DEM ENTWURF DES ARCH. BDA HEINR:RENARD CÖLN WIEDERHERGESTELLT.

Aussichtstürme

Drei Türme zur Ansicht: Haldyturm Ründeroth (l.), Bismarckturm Wiehl (M.), „Burgturm" in Derschlag (r.)

In der Landschaft des Oberbergischen Kreises finden sich viele Aussichtstürme - bis hin zu modernen Konstruktionen aus den 70er Jahren des 20. Jahrhunderts. Das Vergnügen an der Aussicht von oben hat seit dem 19. Jahrhundert zum Bau spezieller Türme geführt. Schon im 18. Jahrhundert erlebten Bürger gern ihre Umgebung von Berghöhen und Türmen. Vorläufer der Aussichtstürme waren umfunktionierte Burg- und Kirchtürme und kleine Türme in englischen Landschaftsgärten. Ausflugsverkehr, bürgerlicher Bildungshunger und Naturgefühl ließen dann Aussichtstürme zu einem beliebten Ziel werden. Im letzten Drittel des 19. Jahrhunderts widmeten sich häufig Verschönerungsvereine ihrer Errichtung, die festliche Grundsteinlegung wurde gern mit einem bedeutenden nationalen Feiertag (z.B. Sedanstag) verbunden. Eigenmittel, Sammlungen und Stiftungen sicherten die Finanzierung. Als Vorbilder dienten zuerst die Wacht- und Wehrtürme, Leuchttürme, aber auch der Eiffelturm. Zweckmäßig war es, zusammen mit dem Aussichtsturm eine Gaststätte zu errichten. Es gab Türme mit einem Eisenskelett oder aus massivem Mauerwerk errichtete.

Der Haldyturm in Ründeroth wurde von den Bürgern des Ortes 1903 zum Dank dem Landrat Haldy gewidmet. Dieser hatte sich für die Region in vielfältiger Weise eingesetzt. Der viergeschossige Turm aus bossiertem Grauwackemauerwerk von rund 18 Metern Höhe wurde in Anlehnung an neoromanische Formen als Burgturm mit U-förmigem Grundriß gestaltet. Aufwendig wurde der Eingang hinter rundbogiger Nische mit schulterbogigen Sandsteinsturz und Sandsteingewänden angelegt.

Der Architekt des Aussichtturmes in Gummersbach-Derschlag war Otto Bubenzer aus Rebbelroth. Der Verschönerungsverein ließ den Turm 1903/4 errichten. Der Bruchsteinturm auf U-förmigem Grundriß hat in Anlehnung an Burgtürme ein seitliches Wachtürmchen auf gestuften Konsolen mit verschiefertem Kegeldach in Höhe der Aussichtsplattform. Der gleiche Architekt – Otto Bubenzer – entwarf auch die Pläne für den Bismarckturm in Wiehl. Dieser ist einer der vielen Denkmaltürme, die seit den neunziger Jahren für den Reichsgründer überall in Deutschland errichtet wurden. 1909 war er auf Veranlassung des Verschönerungsvereines der Stadt Wiehl errichtet worden. Der aus Grauwackebruchstein über sechseckigem Grundriß errichtete, 16,80 m hohe Turm verjüngt sich zur Aussichtsplattform hin. Der Turmkopf hat einen kreisförmigen Grundriß, die rundbogigen Fenster mit abgeschrägtem Gewände verstärken die kompakte, aus einer großen, sich nach oben verjüngenden Form herausgearbeitete Wirkung des Turmes.

Das Sandsteinkreuz in Bergneustadt-Belmicke

Die Kreuzigungsgruppe im Zentrum von Waldbröl

Wegekreuze

Das im freien Gelände aufgestellte Sandsteinkreuz in Bergneustadt-Belmicke hat einen modernen Sockel. Sein Standort weitab des Dorfes läßt die Vermutung berechtigt erscheinen, daß dieses Kreuz an ein besonderes, wahrscheinlich unglückliches Ereignis erinnert. Die Inschrift besagt, daß das Gedenkkreuz für einen Peter Butz von Trolhagen 1635 errichtet wurde.

Eine eindrucksvolle Triumphkreuzgruppe steht an der Kreuz-/Homburger Straße in Waldbröl. Bis zum Scheitel des Bogens ist sie 3,60 m hoch. Kruzifix und Korpus wurden erneuert. Im Bogen die vollplastischen Figuren von Maria und Johannes. Inschrift mit folgendem Text:
Effigiem Christi Dum Transis Semper honora non tandem effigiem sed quem designat adora Das Creutz Verehr den bette an der vor uns ist gestorben dran 1776.

Der historische Juden-Friedhof in Nümbrecht. Oben zwei Grabsteine mit hebräischer Schrift, rechts das schmiedeeiserne Eingangstor. In der Nähe des Friedhofs stand auch die Synagoge, die 1938 einem angeblichen Straßenbauprojekt weichen mußte.

Der Judenfriedhof

Seit 1790 waren Juden in Nümbrecht ansässig. Ihre Zahl nahm so zu, daß 1848 eine eigene Gemeinde gebildet werden konnte, die zugleich für Gummersbach, Waldbröl, Wipperfürth und Ruppichteroth zuständig war. Die Nümbrechter Synagoge existiert nicht mehr. An die ehemals größte jüdische Gemeinde im Kreisgebiet erinnert heute der Judenfriedhof mit Grabmälern des 19. und 20. Jahrhunderts.

Das neue Ziel: Schöner wohnen

Mit dem Begriff Bürgerhaus wird im Bergischen Land automatisch die Bezeichnung „Bergisches Haus“ verbunden, jenem in den Formen des Barock, Rokoko oder Empire gestalteten Gebäudetyp, wie man ihn zwischen 1750 und 1820 zahlreich errichtete.

Über die frühesten Wohnhäuser der Ackerbürger ist wenig bekannt. Dagegen hat der Platzmangel in den ummauerten oder topographisch in ihrer Größe bestimmten Städten einen Haustyp herausgebildet, der auf schmaler Parzelle den Raumbedarf seines Besitzers decken konnte. So bietet z.B. die Marktstraße in Hückeswagen mit ihren giebelständigen Wohnhäusern, deren Obergeschosse teilweise vorkragen, ein Straßenbild, wie es im 16. Jahrhundert vorstellbar wäre, auch wenn im Aufgehenden die Um- und Neubauten des 18. und 19. Jahrhunderts dominieren. Die Erdgeschosse enthielten die Lager- und Verkaufsräume, kreuzförmig angeordnet, um sie von der Vorder- und Rückseite zu beleuchten. Errichtet wurden sie in Fachwerk, wie auch die ländlichen Bauten der Umgebung.

Die sehr früh einsetzende Industrialisierung, die Häufigkeit gewerblicher Tätigkeit neben landwirtschaftlicher Selbstversorgung haben sicher bürgerliche Wohnformen auch außerhalb der Städte begünstigt. Jedoch waren Handwerker-, Bürger- und Bauernhäuser kaum zu unterscheiden, man bediente sich der regionaltypischen Hausform. Unterschiede werden zunächst nur im Hausgrundriß, in der Zuordnung der Räume bestanden haben. Das Größenverhältnis Herdraum - Stube z. B. wird bei bürgerlicheren Besitzern und Bauherren zugunsten der Stube entschieden worden sein. Viele Häuser werden sich aber auch durch ihr massives Baumaterial herausgehoben haben. Vorbild für diese Bauten sind die Ackerburgen des niederen Adels.

Ihre Bauherren nahmen eine Sonderstellung ein, sie waren Ärzte, Apotheker, Juristen, Hofbeamte, die im Wohnhaus zugleich ihrer Tätigkeit nachgingen. Die ältesten, durch ihre inschriftliche Datierung in ihrer Entstehungszeit eindeutig fixierten Gebäude, deren Größe und Raumprogramm sich von der einfacheren Wohnbebauung unterscheidet, sind das Doppelhaus „Weißenpferdchen“ in Lindlar-Hohkeppel (1612 und 1688) und der „Bergische Hof“ am Marktplatz in Wipperfürth (1699). Weitere Bauten können nur durch Vergleiche dem gleichen Jahrhundert zugeordnet werden, so das „Burghaus“ in Reichshof-Sotterbach oder der „Hohkeppeler Hof“ in Lindlar-Hohkeppel. Sie sind auffällig durch ihre Größe oder die Verwendung von Steinmaterial für den Außenbau. Als Vorbilder dienten auch bei ihnen regionaltypische Fachwerkhäuser (wie beim Haus „Weißenpferdchen“ oder beim „Hohkeppeler Hof“) oder Ackerburgen („Burghaus“ Sotterbach). Dazu gehörten meist Wirtschaftsgebäude für die Selbstversorgung.

Der gleichen Tradition folgen auch die dann im 18. Jahrhundert errichteten „Fabrikantenvillen“ der vorindustriellen Zeit, dazu gehören das ehemalige Haus Reusch in Kleinfischbach (eine Fachwerkkonstruktion) und die „Burg“ in Bielstein (ein Massivgebäude).

Die Bürgerhäuser des 18. Jahrhunderts, die „Bergischen Häuser“, wie sie in ihrer reinsten Form im Wuppervierecк zwischen den Orten Wuppertal, Solingen, Remscheid, Lennep, Radevormwald, Hückeswagen, Wipperfürth, Wermelskirchen, Gummersbach, Ründeroth, Langenberg und Mettmann errichtet werden, zeigen auffällige Gemeinsamkeiten.

Die Industrialisierung hatte die Herausbildung eines finanzkräftigen Bürgertums gefördert, das sich und seine gesellschaftliche Stellung auch in der Gestaltung ihrer Wohnhäuser darzustellen bestrebt war. Man übernahm weiterhin gern die ortsübliche Fachwerkbauweise. Jedoch mit der seit der Mitte des 18. Jahrhunderts einsetzenden Gepflogenheit, die Häuser mit Schiefer von der Mosel oder von der Loire zu verkleiden, statt die bisher üblichen

Holzschindeln als Wetterschutz zu verwenden, konnte eine Gemeinsamkeit der Bauweise entstehen, die noch heute historische Altstadtkerne bergischer Städte prägt. Charakteristisch ist ihre farbige Gestaltung in grau (Schiefer), grün (Fensterläden) und weiß (Fenster- und Türgewände).

Die ersten Schieferhäuser sind noch sehr einfach, doch bald setzt sich die Freude am Detail durch. In den Formen des Barock, Rokoko und Empire wird das Haus mit hölzernem Zierat, Rahmen um Fenster und Eingänge, profilierten Gesimsen, Maßwerk in den Türoberlichtern und reliefierten Türblättern versehen. Die Schindeln der Verschieferung werden in unterschiedlicher Form zu Mustern zusammengesetzt, die Dächer durch Giebel und Gaupen aufgelockert. Besondere Bedeutung kommt der Gestaltung des Einganges zu. Er wird durch geschmückte Oberlichter und seitliche Fenster aufgewertet, hervorgehoben durch eine vorliegende Freitreppe mit Gitter und Freisitz. Beliebt ist z. B., das Türoberlicht mit einer integrierten Laterne zu versehen, wie sie beim Eichamt, Marktstraße 34, in Hückeswagen zu finden ist. Diese Details sind auch an den Haupteingängen des ehemaligen, 1911 errichteten Lehrerseminars in Wipperfürth wieder zu finden. Barocke, Rokoko- und Empireformen folgen entsprechend der Stilentwicklung, beeinflußt durch Aachener und Lütticher Vorbilder. Auch repräsentative Fachwerkhäuser, bei denen auf eine Verschieferung verzichtet wurde, zeigen die typischen „bergischen" Gestaltungsmerkmale an ihren Eingängen, geschweiften Fensterverdachungen oder auch die Reliefierungen des Balkenwerkes. Ebenso folgen die im 18. Jahrhundert errichteten Massivbauten diesen Gestaltungsprinzipien.

Das Innere wird mehr und mehr von einer großen Diele mit Feuerstelle – von der noch im Laufe des 18. Jahrhunderts eine Küche abgetrennt wurde – und von einer repräsentativen Treppe mit reichgeschnitztem Geländer bestimmt. Das entsprechende Mobiliar ergänzt die Ausstattung. Die Arbeits- und Repräsentationsräume wurden wie bisher im Erdgeschoß untergebracht.

Vereinzelt gab es auch einfache Bruchsteinbauten, die sich von ihren Vorgängern des 17. Jahrhunderts kaum unterscheiden, so das 1730 und somit vor Einsetzen der entscheidenden Entwicklung errichtete Haus Vorländer, Nümbrecht, Hauptstraße 55/57, und das fast gleichzeitig errichtete Haus Milchsack, Hauptstraße 53, das nur unwesentlich jüngere Haus Weyberg von 1746, Nümbrecht, Marktstraße 5, oder Haus Gervershagen in Marienheide, das in der Tradition adeliger Gutshäuser steht.

Ab 1830, zu Zeiten klassizistischer Stilformen, werden verstärkt Steinbauten errichtet, deren glatte helle Fronten dem horizontal betonten, strengen, sich auf klassische Vorbilder beziehenden Stil entsprachen. Gute Beispiele dafür sind Bachstraße 26 und Friedrichstraße 18/20 in Hückeswagen und Hauptstraße 177 in Gummersbach-Dieringhausen. Interessant sind in diesem Zusammenhang die Fachwerkhäuser im Gummersbacher Stadtgebiet, die mit einer hellgestrichenen Holzverkleidung versehen wurden, durch die das Mauerwerk und die Quaderung der klassizistischen Steinbauten kopiert wurde. Eine entsprechende Fassade wurde transloziert und in eine Einkaufspassage integriert.

In der 2. Hälfte des 19. Jahrhunderts hat man innerhalb der zu dieser Zeit üblichen Rückbesinnung auf historische Stilformen auch die Formen des bergischen Bürgerhauses wieder aufleben lassen. Die Häuser wurden verschiefert. Steinsichtige oder verputzte Bauten wurden mit den aus dem 18. Jahrhundert bekannten Eingängen mit Oberlicht, seitlichen Fenstern oder auch den geschweiften Fensterverdachungen versehen. In reicher Zahl haben sich repräsentative Beispiele einzeln, innerhalb ganzer Straßenzüge oder Ortskerne erhalten.

Die ehemalige Posthalterei, das Haus „Weißenpferdchen" in Lindlar besteht aus zwei 1612 und 1688 datierten, zusammengewachsenen Fachwerkhäusern. Die rechtwinklig einander zugeordneten, zweigeschossigen Häuser zeigen das für diesen Teil des Kreises typische frühe Fachwerk, Ständerwandbauweise mit enger Ständerstellung, geschoßhohen Ständern und Schrägstreben. Der ältere Teil hat im Obergeschoß der Giebelseite zwei durch Längsbalkenlage bedingte Vorkragungen. Auf dem Rähmbalken die Inschrift:
DIES HAUS STEHET IN GOTTES HAND: IM WEISSEN PFERT IST ES GENANDT: ANNO 1612.
Der nach Osten gewandte Giebel des jüngeren Hauses kragt nur einfach vor. In ihm befindet sich der Eingang und die 1688 datierte, quergeteilte Tür der Erbauungszeit.

Den schönen Namen „Weißenpferdchen“ trägt in Lindlar eines der ältesten Bürgerhäuser des Kreises

Das Gebäude war 1825 in den Besitz der Pfarrkirche von Hohkeppel gekommen und 1961-63 im Sinne der Denkmalpflege umfassend restauriert, die Dächer mit einer neuen Riedeindeckung versehen worden.

Der „Bergische Hof", Marktplatz 14, in Wipperfürth ist eines der Häuser am Markt, die den großen Brand von 1795 überstanden haben. Es gehörte ehemals dem Freiherren Nagel zu Nagelsgaul. Das zweigeschossige Bruchsteingebäude ist verputzt und ist von einem Krüppelwalmdach gedeckt, der Giebel ist verschiefert. Über dem Eingang befindet sich ein querovales Fenster in Sandsteinrahmen. Eine erneuerte Inschrift besagt:

SI DEUS PRO NOBIS CONTRA NOS. ANNO 1699 DEN (09.MAII).

Der „Hohkeppeler Hof" wird noch dem Ende des 17. Jahrhunderts zugerechnet. Das zweigeschossige repräsentative Fachwerkgebäude zeigt nur in der dichten Ständerfolge Gemeinsamkeiten mit dem im gleichen Jahrhundert entstandenen Haus „Weißenpferdchen". Seine Deckenbalkenlagen lassen das Obergeschoß allseitig leicht vorkragen, das Mansarddach ist regelmäßig mit Gaupen besetzt, das Türblatt des Einganges stammt aus dem 18. Jahrhundert. In der 1. Hälfte des 17. Jahrhunderts war Hohkeppel Sitz eines Landgerichtes. Seine überregionale Bedeutung ließ mehrere, repräsentative Bauten im Ort entstehen.

Sotterbach, ein Ortsteil der Gemeinde Reichshof, war eines von sechs Sattelgütern im Kirchspiel Eckenhagen. Neben anderen freien Gütern hatten die Herren von Biberstein hier ihr adeliges Gut. Die sogenannte „Burg" geht auf die Existenz dieses Gutes zurück, sie wurde wahrscheinlich 1734 umgebaut, als sie durch Heirat in den Besitz des Richters und Rentmeisters Wilhelm Bernhard Hasenclever gekommen war. In der 2. Hälfte des 18. Jahrhunderts waren die Orgelbauer Gebrüder Kleine aus Freckhausen Besitzer von Gutshaus und Ländereien, die es an den Schwiegersohn Sigismund Roetzel aus Alpe, ebenfalls Orgelbauer, vererbten.

Der zweigeschossige Bruchsteinbau mit 8:2 Fensterachsen ist walmdachgedeckt. An der nördlichen Längsseite ist es in Eisenankern 1734 datiert, es folgt an der westlichen Schmalseite ANS, an der Südseite AMVL (eventuell Anna Margarete von Ley). Der heutige Bau geht auf diesen 1734 erfolgten Umbau zurück, enthält jedoch ältere Teile.

Die sogenannte „Burg" in Wiehl-Bielstein wurde 1720 durch den fürstlich homburgischen Kanzleirat und Bergvogt Christian Schmidt errichtet. Sie war die Grundlage für eine Ansiedlung, die, erst 1766 im Kirchenbuch mit dem Namen Bielstein bezeichnet, zuvor nicht existiert hatte. Der Bauherr besaß in Repschenroth, einer Ortslage, die seit 1901 in Bielstein aufgegangen ist, eine Eisenhütte sowie weitere Hämmer und Kupferbergwerke. Der zweigeschossige, geschlämmte Bruchsteinbau fällt durch mehrere rundbogige Einfahrten im talseitig freiliegenden Kellergeschoß auf, die ihren Ursprung in der besonderen Nutzung durch den Bergvogt haben können (Lagerraum, Remise), ebenso die vier schmalen Mauerschlitze in der Südmauer. Das Gebäude ist mit einem verschieferten Mansarddach gedeckt, die auffällig kleinen Fenster sind rechteckig. Der Zugang erfolgt von der zum Hang gewandten Schmalseite aus. Im Inneren blieben Teile der hölzernen Treppe und einige Türen mit Originalbeschlägen erhalten.

Im Prinzip vergleichbar, wenn auch mit einem Fachwerkobergeschoß versehen, ist das ehemalige Haus Reusch in Wiehl-Kleinfischbach. Der Ort hat sich ausgehend von einem Sattelhof entwickelt. Die haufenförmig gruppierten Häuser waren nicht in Ausrichtung auf eine Straßenerschließung entstanden. Das Herrenhaus von 1773/1774 steht in der Tradition des Sattelhofes und inmitten des Weilers. Anfang des 19. Jahrhunderts war es Wohnsitz der Familie Reusch, Besitzer der gleichnamigen Hütte und Eisenfabrik. Keller- und Erdgeschoß sind aus geschlämmten Hausteinquadern. Wie bei der „Burg" Bielstein führen mehrere Einfahrten in den Keller. Der Haupteingang mit verziertem Oberlicht, darin die Datierung 1774, geschnitzter, quergeteilter Tür und vorliegender Freitreppe ist in der Mitte der Schmalseite angeordnet. Über dem Sturz des Zuganges zum Kellergewölbe befindet sich die zusätzliche Datierung 1773. Im Inneren haben sich Ausstattungsdetails der Bauzeit erhalten. Dazu gehört die Treppe mit geschweiften Balustern, Türblätter, Zimmerdecken mit stuckierten Balken, hölzerne Vertäfelungen und zwei eingebaute Wandschränke. Eingang, Freitreppe und vor allem das Türoberlicht mit

Eingang „Weißenpferdchen“: Die quergeteilte Haustür aus dem Jahr 1688 ist ein historisches Schmuckstück

Überlebte den großen Brand: Das „Karl-Josefs-Haus" am Marktplatz in Wipperfürth

hölzernen, geschnitztem Maßwerk in Form von Blattornamenten entsprechen den für das „Bergische Haus" typischen Zierformen.

Das Karl-Josefs-Haus, Marktplatz 17, in Wipperfürth blieb von den Flammen des großen Brandes von 1795 verschont. Es gehörte unter anderem dem Kaufherrn Reinshagen, der mehrere Hämmer an der Wupper besaß. Nach weiteren Besitzerwechseln wurde es 1934 von der katholischen Kirchengemeinde angekauft. Das zweigeschossige, verputzte Bruchsteingebäude liegt traufständig zum Markt und ist von einem Mansarddach gedeckt. Die Fenster in Werksteinrahmen mit betonten Keilsteinen sind stichbogig. Den hohen Sockel überwindet eine zweiläufige Freitreppe. Zusammen mit der Tür mit Oberlicht und doppelflügeligem geschnitzten Türblatt bekommt die Fassade durch diese repräsentative Eingangslösung den Charakter eines typisch „Bergischen Hauses".

Im Keilstein des Oberlichtes befindet sich die Datierung 1785 zusammen mit den Buchstaben B.U.S.P und einer siebenzackigen Krone.

Die Häuser Hauptstraße 53, 55/57 und Marktstraße 5 in Nümbrecht hatten bürgerliche Bauherren und stehen alle drei in enger Beziehung zur Geschichte der Herrschaft

Inzwischen ein gastliches Haus: Der „Hohkeppeler Hof" in Lindlar-Hohkeppel (o.)
Den Namen „Burg" trägt das Anwesen in Reichshof-Sotterbach (u.)

Dekorative Haustür: Eingang „Haus Reusch" von der Gartenseite

Haus Reusch in Wiehl-Kleinfischbach – Ansicht von der Gartenseite

Homburg. Im „Dillenburger Vergleich“ war 1635 aus der Doppelherrschaft der Grafen zu Sayn und der von Sayn, Grafen zu Wittgenstein eine Eigendynastie mit dem Hausnamen Sayn-Wittgenstein-Homburg entstanden, die bis 1743 bestand.

In dieser Zeit wurde die Homburg als Wohn- und Lustschloß ausgebaut. Zugleich wuchs die Bedeutung des Ortes Nümbrecht. Die „Herrenkammer“ der Kirche war traditionsgemäß die Begräbnisstätte des Homburger Geschlechtes. Alteingesessene Familien waren bei Hof angestellt und wohnten in Nümbrecht.

Der Erbauer des Hauses Hauptstraße 53, Johann Georg Milchsack, war Haushofmeister des letzten Grafen von Homburg, der aber sein Schloß kaum bewohnte. Er begleitete den Grafen auf seinen Reisen durch Europa. Das über talseitig freiliegendem Sockelgeschoß zweigeschossige Gebäude ist seiner Bedeutung entsprechend abweichend von der ortsüblichen Bebauung aus Bruchsteinmauerwerk errichtet. Die Fenster des einfach gestalteten Baues haben Sandsteingewände, über dem giebelseitigen Eingang liegt ein Oberlicht, dazu ein Türblatt des 18. Jahrhunderts.

Haus Weyberg, Marktstraße 5, ist ein zweigeschossiges Bruchsteingebäude mit Walmdach, das in Eisenankern 1746 datiert ist. Das Haus diente nach dem Brand von 1830, dem ein Teil des Ortes zum Opfer fiel, dem Bürgermeister teilweise als Amtssitz.

Das in früheren Zeiten „Die Alte Burg“ genannte Bruchsteingebäude Hauptstraße 55/57 zeigt im Türsturz den Namen Sebastian Vorländer und die Jahreszahl 1730. Vorländer war von 1720-41 Schultheiß im Oberkirchspiel Nümbrecht. Und es zeugt vom Selbstbewußtsein der örtlichen Selbstverwaltungsorgane, daß er an dieser bevorzugten Wohnlage sein für Homburger Verhältnisse stattliches Haus errichten konnte. Das zweigeschossige Bruchsteingebäude hat stichbogige Fenster und zwei Eingänge – sicher hat der Schultheiß Vorländer hier auch Amtsräume unterhalten

Das schmucke Dorf

Das Ortsbild von Nümbrecht wirkt heute durch die entlang der Hauptstraße gereihten Schieferhäuser, teilweise mit vorliegenden Freitreppen, sehr einheitlich und schließt malerisch mit der Kirche ab. Jedoch noch 1746 wurde das „Dorf Nümbrecht“ als ein Ort beschrieben, der nicht regulär, vielmehr mit Häusern und Scheunen vermischt je nach Möglichkeit und Bedarf bebaut sei. Verheerende Brände, einmal 1813 und schlimmer 1830 (damals blieben nur wenige Bauten in Kirchennähe verschont) hatten einschneidende Veränderungen zur Folge. Nach 1830 nutzte der damalige Bürgermeister Gericke die Gelegenheit, anläßlich der erstmalig stattfindenden Katastervermessung die Fluchtlinien an der noch unbefestigten Hauptstraße festzulegen, diese zugleich zu verbreitern und Parzellen einzumessen. Verständlicherweise leisteten die Anlieger Widerstand gegen diese Festlegungen. Trotzdem wurde die Hauptstraße nach und nach mit den für Nümbrecht typischen Schieferhäusern bebaut. In diese Reihe gehören das Pfarrhaus, Hauptstraße 52, im Gitter 1852 datiert, die Apotheke, Haus Nr. 38, wahrscheinlich kurz nach 1850 errichtet, und das alte Bürgermeisteramt. Beim heutigen Postgebäude endet der historische Teil der einheitlich geplanten Hauptstraße, an der auch jüngere Bauten, wie das Haus Nr. 15, Bauzeit um 1900, mit schöner Farbverglasung der Fenster, Aufstellung gefunden haben. Die vorausschauende Planung des Bürgermeisters ist eine bedeutende Leistung, wenn man bedenkt, daß die Planungshoheit der Kommunen, ihr Recht der Katasterumlegungen und Fluchtlinienfestsetzungen erst nach 1875 gesetzlich geregelt wurde. In Nümbrecht erfolgte das zu einem sehr frühen Zeitpunkt, durch persönlichen Einsatz und gegen starken Widerstand.

Die Hauptstraße in Wiehl wurde zwar erst in der Mitte des 19. Jahrhunderts befestigt und ausgebaut. Als wichtiger Verbindungsweg durch die Stadt und zu den Hammerwerken hat sie schon zuvor bestanden. Im Stadtgebiet war sie ebenfalls sehr früh, vor allem auf der Wiehlseite, dicht mit bescheidenen Wohnhäusern bebaut, die an der Wasserseite ihre Werkstattbauten liegen hatten. Dem stark abfallenden Gelände entsprechend hatten die Häuser sehr hohe Bruchsteinsockel. Noch heute bietet sich vom anderen Wiehlufer aus ein sehr malerisches,

Haushofmeister Johann Georg Milchsack baute sich in Nümbrecht sein Haus direkt neben die Schloßkirche. Oben die Giebelseite dieses Hauses, unten eine Seitenansicht mit dem Kirchturm im Hintergrund

Markante historische Häuser in Nümbrecht:
Das Haus Marktstraße 5 wurde 1746 erbaut.
1830 diente es vorübergehend dem Bürgermeister als Amtssitz (o.). Über der Tür ein Wappen

Das Haus des Schultheißen Vorländer liegt an der Hauptstraße gegenüber dem Anwesen des Haushofmeisters Milchsack (l.)

Zwei Beispiele bergischer Häuser an der Hauptstraße in Nümbrecht. Typisch sind die Treppenaufgänge vor den Türen

anschauliches Bild der Hauptstraße, bestehend aus dicht gedrängt liegenden Wohnhäusern mit ihnen zugeordneten Wirtschaftsgebäuden unterschiedlicher Größe. Typisch für die Häuser auf der Wiehlseite ist das Gebäude Hauptstraße Nr. 40. Das im 18. Jahrhundert entstandene, zweigeschossige Fachwerkhaus hat einen hohen Sockel und einen Fachwerkanbau.

Das mit der Jahreszahl 1837 datierte, sehr repräsentative zweigeschossige Fachwerkhaus Nr. 51 ist mit einem Krüppelwalmdach gedeckt. Es liegt von der Hauptstraße zurück in einer Gruppe weiterer Fachwerkhäuser in regelloser Zuordnung. „Bergischen" Traditionen entspricht der Mitteleingang der fünfachsigen Front, mit originalem Türblatt (darin die Datierung) und Freitreppe.

Zwei Gruppen von Häusern in Engelskirchen-Ründeroth zeigen die typischen Möglichkeiten, bürgerliche Wohnvorstellungen im Hausbau zu verwirklichen, die durch bewußte Angleichungen bis in das 20. Jahrhundert tradiert wurden.

Der Ortsteil Ründeroth konnte bis heute seinen malerischen Ortskern bewahren. Typisch für das Fachwerk seiner Umgebung ist die Verwendung von geschweiften Zierstilen unterhalb der Fenster.

Zur Gemeindegeschichte gehört, daß die Honschaft, im Unterschied zum heute namengebenden Engelskirchen, ehemals Teil der Vogtei Gummersbach war. Mit der Verpfändung der Vogtei durch die Grafen von Berg an die Grafen von der Mark im Jahre 1273 kam auch Ründeroth unter märkische Herrschaft. Die Folge war, daß durch den Hauptvergleich zu Kleve 1666 die Anbindung an das Kurfürstentum Brandenburg/Preußen erfolgte, während das zum bergischen Amt Steinbach gehörende Engelskirchen unter die Herrschaft des Kurfürsten von Pfalz-Neuburg fiel. Zusammen mit dem Amt Neustadt übernahm 1621 der Graf von Schwarzenberg die Herrschaft und 1782 durch Verkauf die Grafen von Wallmoden.

Ab 1815 war Ründeroth Teil des Kreises Gummersbach, während Engelskirchen zum Kreis Wipperfürth gehörte. Seit 1975 bilden Engelskirchen und Ründeroth eine Gemeinde.

Die Häusergruppe Walbach 1, 2, 3 besteht aus Bauten in Fachwerk- und Massivbauweise. Das älteste Haus Nr. 3, für das Jahr 1721 datiert, ist zweigeschossig und aus Bruchsteinmauerwerk. Es repräsentiert wie die Häuser an der unteren Hauptstraße in Nümbrecht ältere Traditionen. Anfang des 19. Jahrhunderts wurde es umgebaut und erhielt in dieser Zeit ein verschiefertes Dachhaus. Eine Steinplatte zeigt die Inschrift:

WER GOTT VERTRAUT HAT WOHL GEBAUT IM HIMMEL UND AUT ERDEN CMCM NEL1721.

Zum Wohnhaus gehört ein zweigeschossiges, verputztes Gebäude mit rundbogigen Fenstern und rundbogigem Eingang, das um 1870 als Schnapsbrennerei gebaut wurde.

Dagegen zeigt Haus Nr. 1, 1785 erbaut, typische Details. Das zweigeschossige Wohnhaus mit Walmdach hat ein Keller- und Erdgeschoß aus Bruchsteinmauerwerk, das Obergeschoß ist aus teilweise verschiefertem Fachwerk. Zwei Eingänge erschließen das freiliegende Kellergeschoß. In typisch bergischen Formen ist der Mitteleingang gestaltet, mit reich verziertem Türblatt der Bauzeit, Oberlicht mit Monogramm und vorliegender zweiläufiger Freitreppe mit schmiedeeisernem Gitter. Das ebenfalls in der Mittelachse liegende Zwerchhaus wurde im 20. Jahrhundert hinzugefügt und nimmt durch seinen geschweiften Giebel die bergischen Formen wieder auf. Im 19. Jahrhundert entstand zusätzlich, rechtwinklig zugeordnet und zurückgesetzt, ein zweigeschossiger Küchenbau, ebenfalls im Erdgeschoß aus Bruchsteinmauerwerk und mit Fachwerkobergeschoß.

Als Pendant zu Haus Nr. 1 in gleichen Formen und Baumaterial (Bruchstein/Fachwerk) entstand zwischen 1920 und 1930 parallel liegend ein weiteres Wohnhaus. Als typisch „bergische" Form wurde hier der Eingang mit zweiläufiger Freitreppe und Ziergitter übernommen und über diesem das Zwerchhaus mit geschweiften Giebel. Auch das Türblatt wurde in Anlehnung an Haus Nr. 1 gestaltet.

Das Fachwerk der Häuser Nr. 1 und 2 zeigt zusätzlich die für Ründeroth typischen geschweiften Zierstile.

Fachkundig und liebevoll restaurierte Fachwerkhäuser an der Hauptstraße in Wiehl: In unmittelbarer Nähe des Hauses 46 (o.) lag einst die Burg. Den Anfang der Gruppe bilden die Häuser 49 und 51 (u.)

Repräsentatives Wohnhaus in klassizistischen Formen an der Hauptstraße in Wiehl. Die ehemals vor dem Mitteleingang liegende Freitreppe wurde im Mauerwerk nach der Renovierung durch Platten markiert

Leicht zurückgenommen von der Straßenflucht steht an der Hauptstraße in Wiehl das aus dem 18. Jahrhundert stammende Fachwerkhaus. Einige Balken sind kunstvoll geschnitzt

Ein sehr schönes Häuserpaar bilden die beiden Bauten Hauptstraße 10 und 12, die im Abstand von gut 50 Jahren entstanden.

Haus Nr. 10, mit dem für den Ründerother Bereich typischen Bruchsteinerdgeschoß und Fachwerkobergeschoß, mit Zierstilen unter den Fenstern, ist durch einen schmalen Fachwerkanbau mit Haus Nr. 8 verbunden. Dieser dient zugleich als Torbogen für die hindurchführende Friedhofstraße. Der traufseitige Eingang hat ein Oberlicht und ein Türblatt des 19. Jahrhunderts. Im Türsturz befindet sich die Jahreszahl 1755 und die Namen ENGELBERT ZAPP CATHARINA KOTZ. Der Haupteingang lag jedoch ehemals an der Rückseite, über dem sich die Inschrift ENGELBERT ZAPP MARIA CATHARINA KOZ EHELEU ANNO 1755 D 10 JULIUS befindet.

Unmittelbar benachbart, aber zurückliegend steht das Haus Nr. 12. Der verputzte Bruchsteinbau ist im Sturz des straßenseitigen Mitteleinganges 1829 datiert. Zu den klassizistischen Formen, die dem Gebäude seinen Charakter geben, gehört der verbretterte Zwerchgiebel mit Thermenfenster über den drei mittleren Fensterachsen. Der hinter einer Freitreppe liegende Eingang mit Gebälkstück und Türblatt des späten 19. Jahrhunderts entspricht dagegen örtlichen Traditionen. Bemerkenswert ist der zu einem Dachpavillon hochgezogene Kamin und die Dachgaupen mit ihren runden Fenstern. An einer Giebelseite des Hauses befindet sich eine später angefügte Veranda, an der zweiten ein zweigeschossiger, massiver Anbau in angeglichenen Formen, im Jahr 1911 errichtet.

Gummersbach, ehemals märkischer Gerichtsbezirk, war in einem Bereich entstanden, in dem tief eingeschnittene Täler und kurze Höhenzüge auf engstem Raum wechseln. Diese topographischen Voraussetzungen standen einer regelmäßigen Ausbreitung der Stadt und einer nachdrücklichen Zentrumsbildung im Wege. Die Marktstraße verläuft im ältesten Teil Gummersbachs, der sich um die evangelische Kirche regellos entwickelt hatte. Das Haus Marktstraße 4, das wahrscheinlich in der zweiten Hälfte des 18. Jahrhunderts entstanden ist, liegt ohne direkte Ausrichtung zur Straße, die erst viel später festgelegt wurde. Vielmehr hat sich hier durch die wechselnden Fluchten der historischen Bauten ein kleiner Platz gebildet.

Typisch „bergisch“, aber das sonst sehr einfache Haus aufwertend, ist der Eingang mit einem seitlichen Fenster, Oberlicht, Gebälkstück und einer reichgeschnitzten Tür.

Haus Nr. 14 in Hückeswagen-Hartkopsbever ist im Gebälkstück über dem traufseitigen Eingang 1758 inschriftlich datiert. Das über hohem Kellergeschoß eingeschossige Bruchsteingebäude hat blechbehangene Giebeldreiecke und ein überdimensioniertes Zwerchhaus über dem Eingang. Die Rechteckfenster liegen meist in Sandsteingewänden. Das sehr einfache Wohnhaus war vom Fabrikanten Peter Hartcop aus Bever errichtet worden. Seine besondere Bedeutung erhält es jedoch durch die Tatsache, daß von 1762-1763 Johann Heinrich Jung-Stilling hier als Hauslehrer arbeitete und dabei leidvolle Erfahrungen machte. Jung-Stilling, ein Zeitgenosse Goethes, kam aus bescheidenen bäuerlichen Verhältnissen, arbeitete sich zum kaufmännischen Verwalter empor. In Straßburg lernte er J. W. Goethe kennen, studierte Medizin, wurde Arzt und Augenarzt in Elberfeld. Später in Kaiserslautern, Heidelberg und Marburg war er als Professor für Finanzwissenschaften tätig. Im Alter veröffentlichte er religiöse Schriften. Bekannt wurde er aber vor allem durch seine gemütvoll geschriebene Lebensgeschichte, deren ersten Teil Goethe bearbeitet hatte und die 1777 in Straßburg herauskam. Eindrücklich schilderte er darin das Einstellungsgespräch mit Herrn Hartcop, die spätere Verachtung und die Schikanen, die er in diesem Hause zu erdulden hatte, seine heimliche Flucht nach Radevormwald.

Das sogenannte Haus Bever an der Bevertalstraße in Hückeswagen entstammt der gleichen Zeit. Das typisch bergische Schieferhaus soll 1767/68 von Johann-Daniel Clarenbach errichtet worden sein. Dazu gehört auch der Eingang mit seinen Zopfstiloberlicht und vorliegender Freitreppe.

In ländlicher Umgebung steht Haus Hochstraßen Nr. 5 in Nümbrecht, dessen unverkleideter Giebel trotz der zahlreicher Veränderungen und dem unpassenden Blechbehang des Gesamtgebäudes an die Bedeutung seines Bauherrn erinnert. Das zweigeschossige Fachwerkhaus mit auffälliger Gebäudetiefe und relativ dichter Ständerfolge ist von einem Krüppelwalmdach gedeckt. Ihre starke Mittelbetonung erhält die Giebelseite durch die Ladeluke

Teil der schönen Häusergruppe in Walbach. Das Küchenhaus liegt zurückgesetzt (o.)

Im klassizistischen Stil konzipiert ist das Wohnhaus an der Hauptstraße 12 in Ründeroth (r.)

Das Haus an der Hauptstraße 10 in Ründeroth ist mit einem Anbau verbunden worden, der die Durchfahrt überbrückt (o.). Dicht umrankt ist Haus Leppe bei Engelskirchen mit seinem verschieferten Turm (u.)

Im Jahr 1758 entstand das Haus in Hückeswagen-Hartkopfsbever, in dem Johann Heinrich Jung-Stilling von 1762 bis 1763 als Hauslehrer arbeitete. Unten das Haus Bever ebenfalls in Hückeswagen

Ein Blickfang in idyllischer Umgebung ist die vordere Fassade des Hauses in Nümbrecht-Hochstraßen. Das Sturzfeld der Tür ist reich geschmückt

Durch wohlproportionierte Formen beeindruckt das Wohnhaus in Gummersbach-Dieringhausen (o.)

Ein herrschaftlich-klassizistischer Stil prägt auch das Haus in Wipperfürth-Ohl, Sauerlandstraße

mit seitlichen Fenstern und den repräsentativ gestalteten Eingang mit zweiflügeliger, barocker Haustür mit Oberlicht und ornamentiertem Sturzfeld – „bergische" Formen, auf die immer wieder hinzuweisen ist.

Im Rähmbalken befindet sich eine Inschrift. Die Schrift an dieser Stelle um das Gebäude umlaufen zu lassen, ist eine Eigenart, wie sie speziell im Nümbrechter Raum anzutreffen ist: *Dieses Haus haben erbautt Johan Wilhelm christian Schöller und loisa christiana Henroetta gebohrne Kloeber ehleute Alß zeitlicher Kanßlpürath und richter den 24 den iuly 1793.*

Von der heutigen Hauptverkehrsstraße etwas zurückliegend ist das Gebäude Baumhof 3/5, ein repräsentatives Beispiel eines Bürgerhauses in Gummersbach. Das zweigeschossige, sehr langgestreckte Fachwerkhaus ist im Obergeschoß verschiefert, im Erdgeschoß teilweise verbrettert. Es hat einen schmalen, seitlichen Anbau und zwei traufseitige Eingänge. Die sechs mittleren Fensterachsen werden von einem Dreiecksgiebel mit Rundfenster überfangen. Unter dem Fenster die Jahreszahl 1795 und um einen Anker die Initialen I P H. Johann Peter Häuser, dessen Anfangsbuchstaben hier angebracht sind, betrieb einen Handel mit Manufakturen, Farbstoffen für Stoffe und Wein. 1860-61 war in einem Teil des Gebäudes das Landratsamt untergebracht. Auf diese Nutzung geht wahrscheinlich das Vorhandensein von zwei Eingängen zurück.

Das ehemals adelige Haus Leppe kam nach mehrfachem Besitzerwechsel 1818 endgültig in bürgerliche Hände.

Im 14. und 15. Jahrhundert war das Anwesen wahrscheinlich im Besitz des nassauischen Rittergeschlechtes von Brambach. 1592 erwarb Johann Stephan aus Köln die Anlage, der in Oberkaltenbach ein Bergwerk betrieb. Es folgten die Grafen von Schwarzenberg als Eigentümer und zuletzt der Graf von Merveld. Letzterer veräußerte Haus Leppe 1818 an die Familie Bunsen.

Der zweigeschossige, verputzte Bruchsteinbau mit Krüppelwalmdach stammt wahrscheinlich aus dem Anfang des 19. Jahrhunderts und wurde später durch Anbauten erweitert, zuletzt um 1910 mit dem Nordflügel. Die Wetterfahne zeigt die Jahreszahl 1872. Auf dem Wohnhaus wurde um 1925 ein Dachpavillon auf Holzstützen aufgebracht. Zu den integrierten Teilen, die eventuell noch auf ein mittelalterliches Burghaus zurückgehen könnten, gehören der große Keller mit Quertonne im nordöstlichen und noch größerer Längstonne im südwestlichen Teil, beide verbunden durch einen rundbogigen Gang an der Südseite der Zwischenmauer. Weiterhin sind die im Inneren an der hangseitigen Traufseite liegenden Treppen in den Keller und ins Obergeschoß als ältere Bauteile anzusehen, ebenso wie der Kamin mit Ofenplatte des 17. Jahrhunderts (dargestellt Samson mit dem Löwen) im nordöstlichen Giebel. Zur Ausstattung des 19. Jahrhunderts gehören zwei klassizistische Berliner Kachelöfen im Wohnzimmer. Obwohl ältere Bauteile benutzt wurden, bestimmen die Baumaßnahmen der bürgerlichen Besitzer den Charakter des Anwesens.

Kamperstraße 1 in Lindlar war ehemals das örtliche Notariat. Das sehr einfache, zweigeschossige Gebäude mit fünf straßenseitigen Fensterachsen besteht im Erdgeschoß aus verputztem Bruchstein, das Obergeschoß ist verschiefert. Auffällig ist das sehr hohe Krüppelwalmdach. Der traufseitige Mitteleingang mit Oberlicht und die Fenster des Erdgeschosses liegen in Sandsteingewänden. Auf einem Quader der Eckquaderung steht die Jahreszahl 1803.

Sauerlandstraße Nr. 7 in Wipperfürth-Ohl ist ein herrschaftliches, klassizistisches Wohnhaus, das um 1830 entstanden sein muß. Der zweigeschossige, kompakte Baukörper mit 3:5 Fensterachsen über breitrechteckigem Grundriß ist von einem Walmdach gedeckt. Kannelierte Pilaster mit ionischen Kapitellen aus Holz sind an den Gebäudeecken und als Rahmen eines nur angedeuteten, straßenseitigen Risalites angebracht. Dessen drei Achsen werden von einem Giebel überfangen, der durch ein stark plastisches Gesims mit Zahnschnitt begrenzt ist. In gleichen Formen ist das Gesims im Bereich der Traufzone um das Gebäude herumgeführt. Die relativ hohen Rechteckfenster haben Holzschlagläden. Als „bergische" Formen sind das Rankenwerk um das stehende Ovalfenster im Giebel, der Eingang mit profiliertem Holzrahmen, Gebälkstück als Verdachung und dessen Oberlicht mit Füllhornornament zu werten. Zum Anwesen gehört das Kutscherhaus Marienheider Str. 2.

Vielfältig genutzt: Repräsentatives Bürgerhaus am Baumhof in Gummersbach, das auch als Landratsamt diente. Schlichter gestaltet ist das ehemalige Notariat in der Kamperstraße in Lindlar

Das zweigeschossige, verputzte Wohnhaus mit Walmdach in Gummersbach-Dieringhausen, Dieringhauser Str. 177, kann nicht mehr dem Typ „Bergisches Haus“ zugerechnet werden. Um 1830 errichtet, zeigt es in seiner strengen Gliederung in 5:2 Achsen rundbogiger Fenster eindeutig klassizistische Gestaltungsmerkmale. Die Überbauung des Mitteleinganges ist aus neuerer Zeit.

In Hückeswagen haben sich neben den schönen Altstadtbauten an der Markt- und Islandstraße eine Reihe Tuchmachervillen aus dem 19. Jahrhundert entlang der Bachstraße erhalten. Neben Schieferhäusern gibt es massive Bauten, die in geradezu idealtypischer Weise klassizistische Bautraditionen repräsentieren. Ihre Außenflächen bestehen aus glattem Massivmauerwerk, teilweise verputzt, sie haben Walmdächer und Dreiecksgiebel.

Zu den ältesten Beispielen dieser Stilrichtung, die bis in die zweite Hälfte des 19. Jahrhunderts wirksam blieb, gehört Bachstraße 26, 1842 inschriftlich datiert, mit den glatten ungegliederten Außenflächen, der regelmäßigen Folge der sehr hohen Rechteckfenster. Dem Bedürfnis nach Symmetrie entspricht die Betonung der Gebäudemitte an der Straßenfront durch den flachen dreiachsigen Risalit mit Mitteleingang und Dreiecksgiebel. Typisch für klassizistische Formen ist das weit überstehende kassettierte Trauf- und Giebelgesims.

Etwas später, kurz nach 1850 entstand Bachstraße 18, bei dem die glatten Außenflächen des Massivbaues durch Fenstergruppierung und Verwendung horizontal verlaufender Gesimse stärker gegliedert werden. Dazu gehören auch die Gebälkstücke und Dreiecksgiebel über den Fensterstürzen. Noch später, um 1870 ist das Gebäude Bachstraße 12 entstanden. Bei gleichem, blockhaften Baukubus ist eine Zunahme schmückender Details und Gliederungselemente unverkennbar. Der bekannte, weite Dachüberstand ruht auf geschweiften Konsolen, die Gebäudeecken sind gequadert, profilierte Gesimse teilen das Gebäude horizontal und die Fensterformen wechseln. So wurden am flachen Mittelrisalit rundbogige Fenster mit verzierten Oberlichtern verwandt. Auch die Proportionen verändern sich durch zunehmende Geschoßhöhen. Die gleiche Schmuckfreude hat auch die Gestaltung der Villa Rader Str. 1 bestimmt. Hier wird wiederum der blockhafte Baukörper durch Putznutungen im Erdgeschoß, Gesimse, aufgeputzte Rahmen um die korbbogigen Fenster, Sohlbänke über geschweiften Konsolen aufgelockert.

Etwas strenger ist das Gebäude des ehemaligen, um 1850 errichteten Arbeitsamtes Friedrichstraße 18/20 gegliedert, und zwar durch eine mit profilierten Gesimsen erzielte Horizontalbetonung vor glatten Flächen, strengen Unterscheidung von Rechteckfenster im Obergeschoß und rundbogigen im Erdgeschoß.

Aber auch an den verschieferten Wohnhäusern finden sich die genannten klassizistischen Merkmale, hervorgehoben durch den weißen Anstrich vor grauem Hintergrund, zusammen mit dem Grün der Schlagläden.

Bachstraße 22 besitzt die obligate Mittelbetonung durch den Eingang mit Oberlicht und vorliegender Freitreppe, darüber der von einen profilierten Gesims gerahmte Dreiecksgiebel. Seine Bauzeit ist um 1860 anzusetzen. Den gleichen Traditionen folgt Bachstraße 35, zwar ohne Giebel, aber mit einem schönen hölzernen Traufgesims mit geschweiften Konsolen. Beim Gebäude Bachstraße 39, Ende 19. Jahrhunderts entstanden, ist der Eingang an die Seite verlegt und die Mittelbetonung aufgegeben.

Klassizistischen Traditionen verpflichtet ist das Fachwerkgebäude Kaiserstraße 75 in Gummersbach. Zweigeschossig, teilweise verputzt, teilweise verschiefert und von einem Krüppelwalmdach gedeckt, werden die Außenflächen durch die regelmäßige Folge der Rechteckfenster gegliedert, der typische Dreiecksgiebel mit Thermenfenster überfängt die drei mittleren von fünf Achsen der straßenseitigen Traufseite. Das profilierte Kastengesims wird auf die Giebelseite verkröpft. Interessant ist, daß man die Straßenseite verputzte und damit die Wirkung eines massiven Baues erzielen wollte.

In Morsbach-Volperhausen steht das 1892 errichtete Herrenhaus des Freiherren Rudolf von Schorlemer, das im Unterschied zur nahegelegenen Burg „Schloß“ genannt wird. Trotzdem ist es berechtigt, dieses Gebäude zusammen mit repräsentativen Bürgerhäusern darzustellen, denn im Laufe des 19. Jahrhunderts hatte der Lebensstil des aufstrebenden Bürgertums den des Adels nachhaltig beeinflußt. Zugleich sind bei diesem Herrensitz auch

Hier bauten die reichen Chefs der Textilindustrie in Hückeswagen: Häuser an der Bachstraße

Beispiele klassizistischer Tradition: Häuser in der Rader Straße (o.) und der Friedrichstraße in Hückeswagen

Schwarz-Weiß-Grün: In den traditionellen Farben leuchten diese Häuser in der Bachstraße in Hückeswagen. Es vermischen sich Klassizismus und bergischer Stil zu harmonischer Einheit

Rheinische Wasserburgen, vor allem in ihrer malerischen Neugestaltung während des 19. Jahrhunderts, Vorbild gewesen. Das zeigt sich an den schmückenden Details wie Treppengiebeln, Eckerkern, der nach außen sichtbaren Chorschluß der Hauskapelle oder der Konsole mit Baldachinen an der Giebelseite.

Das zweigeschossige Hausteingebäude hat beidseitig einen risalitartig vorgezogenen Mittelteil, der jeweils von einem Treppengiebel überfangen wird. An der Vorderseite befindet sich ein turmartig überhöhter Eckerker mit vierseitigem Helm, dem an der Rückseite ein risalitartig vorgezogener Fassadenteil entspricht. Ebenfalls an der Rückseite liegt der hervortretende, polygonale Chor mit Dachreiter. Auf dem verschieferten Walmdach wurden neuere Dachhäuser aufgebracht. Durch den Eingang mit vorliegender Freitreppe und dem Allianzwappen im Treppengiebel darüber erhält das Haus eine nachdrückliche Mittelbetonung. Die zwei- bis dreibahnigen Fenster in den Sandsteingewänden werden von rundbogigen Entlastungsbögen überfangen. Im Inneren blieben das originale Eisengeländer der Haupttreppe und Möbel der Bauzeit erhalten. Dazu einige originale Farbglasfenster und Stiche mit Jagdszenen aus dem 18. und 19. Jahrhundert. Zum Anwesen gehört eine Remise aus Bruchsteinmauerwerk.

Als ein "Dornröschen-Schloß" kennen die Einheimischen die Villa des Landrates Richard Haldy in Ründeroth. Das prachtvolle Wohnhaus erhielten Haldy und seine Braut 1886 als Hochzeitsgabe vom Brautvater, dem preußischen Eisenbahnminister von Thielen. Die schmuckvolle Architektur dieser Fachwerk-Villa stellt für den oberbergischen Raum eine Rarität dar. Der persönliche Geschmack des Hausherrn und seiner Frau sorgten für die unterschiedlichsten Stilelemente. Landrat Haldy – in seiner Zeit ein beliebter und modern denkender Beamter - legte Wert darauf, daß sein Anwesen von der nahen Eisenbahnlinie aus bestaunt werden konnte. Nur so ist zu erklären, daß zwei schmückende Balkone und ein verzierendes Türmchen ausgerechnet an der kühlen Nordseite angebracht wurden.

Eine rasche Entwicklung der ortsansässigen Industrie zu überregionaler Bedeutung, die Erhebung zum Kreishauptort in preußischer Zeit, seit 1857 Stadt, sorgten für eine rapide Siedlungsentwicklung Gummersbachs ab 1830. Diese verlief nicht wie bisher regellos, sondern sie konnte sich an den nach und nach befestigten Straßen orientieren. Neben Arbeiterwohnvierteln und ausgedehnten Industrieanlagen (z. B. der Firma Steinmüller) entstand am Hang des Kerberges ein Villenviertel. Entlang der Grotenbachstraße, die im Bogen den Hang hinaufführt, entstanden bis in die jüngste Vergangenheit repräsentative Villen. Vor allem die bis zum I. Weltkrieg errichteten bilden ein Kaleidoskop der Villenarchitektur vom Beginn des 20. Jahrhunderts. Es war eine Zeit, als sich führende Architekten intensiv mit der sinnvollen Gestaltung der Wohnhäuser beschäftigten, stark beeinflußt durch das 1904 erschienene, dreibändige Werk „Das englische Haus“ von Hermann Muthesius. Dieser hatte in England Landhäuser studiert und empfahl ihre für ihn sinnvolle Grundrißdisposition in Verbindung mit ihrer architektonischen Gestaltung als nachahmenswerte neue bürgerliche Wohnkultur.

Die Villa Grotenbachstraße 33, um 1900 entstanden, gehört zu den frühesten Beispielen des Gummersbacher Villenviertels. Durch die Verwendung von Schiefer und Zierfachwerk erhält sie ihren ländlich privaten Charakter. Als Vorbilder wurden hier englische Landhäuser wirksam abgewandelt.

Die im Landhausstil gestaltete 1- bis 1 1/2-geschossige Villa in Wiehl, Oberwiehler Straße 124, entstand um 1900. Das dekorativ gestaltete Fachwerk hat ausgeziegelte Gefache. Dem Zeitstil entsprechend ist das Gebäude durch einen seitlichen, eineinhalbgeschossigen Teil stark asymmetrisch betont. Die ländliche Wirkung unterstreichen auch die hölzernen Zierelemente vor den drei Giebeln mit ihren abgewalmten Dächern.

Die Gummersbacher Firma Steinmüller kann auf eine lange Tradition zurückblicken. 1839 erbaute P. W. E. Steinmüller sein Haus an der Kaiserstraße 60. Er war Musiklehrer und betrieb nebenbei Handel. Seine Söhne Leberecht und Carl gründeten zunächst eine Papierfabrik. Ausgehend vom Erwerb einer Lokomotive 1872 in England durch Leberecht Steinmüller kam es zur Konstruktion eigener Dampfkessel und 1874 zur Gründung einer diesbezüglichen Produktionsstätte. Sie gewann mehr und mehr an Bedeutung und konnte später

„Dornröschen-Schloß" im Aggertal: Villa des Landrates Haldy in Ründeroth

Von bürgerlicher Architektur beeinflußt: Herrenhaus aus dem Jahr 1892 in Morsbach-Volperhausen (o.)

Zierfachwerk gliedert die repräsentative Villa in Wiehl-Oberwiehl (l.)

Zeugnisse des Wohlstandes in der aufstrebenden Kreisstadt Gummersbach: Villa im Landhausstil an der Grotenbachstr. (o.)

Villa des erfolgreichen Fabrikanten Carl Steinmüller auf dem Kerberg

als erste Firma im Kreisgebiet unabhängig von Tallage und Wasserantrieb produzieren. Carl Steinmüller ließ 1904 seine repräsentative Villa Am Kerberg 10/12 errichten, sein Sohn Carl-Hugo folgte 1911 mit seinem Anwesen Bornerhof 10. Abweichend von den Fabrikantenvillen in Engelskirchen oder an der Wupperschleife entstanden hier zwei sehr unterschiedliche repräsentative Gebäude, fernab der Bebauung, in parkartigen Gärten. Die enge Bindung zu den Produktionsstätten, die zuvor die Wahl des Bauplatzes bestimmt hatte, war aufgegeben. Der reiche, kultivierte Bauherr bevorzugte ein Landhaus, ein Refugium in landschaftlich schöner Umgebung.

Die Villa Am Kerberg 10/12 wurde 1904 nach Plänen des Architekten Oskar Schütz aus Köln errichtet, der Garten durch den Architekten Foeth angelegt. Das zweigeschossige, verputzte Gebäude mit Werksteingliederungen und Mansarddach, mit teilweise freiliegendem Kellergeschoß hat einen sehr kompakten Baukörper, der allseitig durch Ausluchten, Erker und einen turmartig überhöhten, polygonalen Eckerker mit geschweifter Haube aufgelockert ist. Durch Terrassen und Freitreppen wird der talseitig freiliegende und besonders hohe Sockel umbaut. Jugendstilformen sind vor allem in den schmückenden Details anzutreffen, dagegen wirkt das Gesamtgebäude trotz seiner teilweise bewußt gesuchten Asymmetrie eher barock. 1 200 qm Wohnfläche stand den Bewohnern zur Verfügung. Zum Anwesen gehört ein Pförtner- und Kutscherhaus mit Remise.

Stärker den Bergischen Traditionen verbunden ist die Villa des Sohnes Carl-Hugo Steinmüller, Bornerhof 10. Er beauftragte auch einen einheimischen Architekten, Heinrich Kiefer aus Gummersbach, der die Pläne für den 1911 entstandenen Bau schuf. Über dem massiven, hell verputztem Erdgeschoß erhebt sich das verschieferte Obergeschoß, darüber ein ebenfalls verschiefertes Walmdach. Polygonale Eckerker mit geschweiften Hauben, Schweifgiebel, geschweifte Verdachungen sind bergisch-barocke Formen, die noch durch die Rahmung mit profilierten, weiß gestrichenen Gesimsen hervorgehoben werden. Dazu gehört zwangsläufig der eingezogene Eingang mit seitlichen Fenstern und verziertem Oberlicht – „bergischer" geht es nicht mehr. Im schön gelegenen, teilweise terrassenförmig angelegten Garten liegt, ebenfalls ein „bergisches Zitat", ein kleiner Gartenpavillon mit geschweifter Haube. Auch hier gehört ein Pförtnerhaus zur Anlage, das über einen zweiflügeligen Trakt mit einseitig rundbogig geöffnetem Laubengang mit dem Haupthaus verbunden ist. Etwas bescheidener als in der Villa des Vaters ist mit 905 qm Wohnfläche das Raumangebot ausgefallen.

Wie Hauptstraße 9 ist auch die Villa Kölner Straße 229 in Bergneustadt entsprechend den überregionalen Einflüssen des Historiums gestaltet. Historische Stilformen werden reichhaltig und aus unterschiedlichen Zeiten stammend gleichzeitig verwandt. Das in seiner Grundstruktur sehr einfache, zweigeschossige verputzte Haus über hohem Hausteinsockel mit seitlichem, übergiebeltem Risalit wird durch die reichliche Verwendung schmückender Details aufgewertet. Dazu gehört der seitliche, turmartig überhöhte Eckerker über polygonalem Grundriß mit geschweifter Haube, ein seitlicher Anbau mit abschließendem Balkon, Stuckgliederungen in überwiegend neobarocken Formen besonders im Bereich der Fensterstürze.

Zusammen mit der Kirche in Wiehl wird auch die in Waldbröl in der 1131 bestätigten Urkunde von Papst Innozenz II als Besitz des Bonner Cassiusstiftes genannt. Seit 1152 erscheinen die Grafen von Sayn als Vertreter des Stiftes, die heutige Stadt gehörte zunächst zur Herrschaft Homburg. Von der nahegelegenen Burg Windeck aus gewannen jedoch die Grafen von Berg mehr und mehr an Einfluß. Im 14. Jahrhundert war das Kirchspiel schon zum größten Teil bergisch und endlich mit dem Siegburger Vergleich von 1604 gehörte es zusammen mit Morsbach ganz zum Amt Windeck. Der Ort blieb bis zur Zeit der fanzösischen Besatzung relativ bedeutungslos. 1769 war fast die gesamte Bebauung Opfer eines verheerenden Brandes. Unter französischer Verwaltung wurde Waldbröls günstige Lage erkannt. Es wurde zum Kantonshauptort erhoben, zuständig für ein Gebiet, das Eckenhagen, Denklingen, Morsbach, Dattenfeld und Rosbach umfaßte. Ab 1815, in preußischer Zeit, wurde diese Zuordnung beibehalten, Waldbröl wurde Kreisort. 1932 wurde der Kreis Waldbröl mit dem Oberbergischen Kreis vereinigt. Die Gemeinde erhielt 1957 die Stadtrechte.

An die ehemals zentrale Verwaltungsfunktion erinnert das Wohnhaus des Landrates, heute Sitz der Stadtbücherei,

Repräsentation in architektonischer Pracht entwickelt: Die Villa des Fabrikanten Carl-Hugo Steinmüller (o.)
Am Rand der Altstadt in Bergneustadt steht die Villa im klassizistischen Stil (u.)

Erinnerung an die alte Kreisstadt Waldbröl: Villa des Landrates an der Kaiserstraße

Kaiserstraße 82, zusammen mit dem Portalrest des Landratsamtes auf der gegenüberliegenden Straßenseite. Das um 1900 errichtete, völlig verschieferte Gebäude mit Walmdach wird an beiden Längsseiten durch seitliche Risalite gegliedert, deren Giebel in Krüppelwalmen abschließen. Straßenseitig wird im Obergeschoß der Zwischenraum durch einen hölzernen Balkon eingenommen. Vor dem seitlichen Eingang liegt ein schöner, hölzerner Windfang mit Balustrade.

Das Häuschen im Garten

Zu den Bauvorhaben wohlhabender bergischer Bürger gehörte oft das verschieferte Gartenhaus. Ein sehr typisches Beispiel hat sich in Radevormwald an der Hohenfuhrstraße/Telegraphenstraße erhalten. Seine historische Bedeutung erhält es auch dadurch, daß es fast das einzige Gebäude ist, das den Stadtbrand von 1802 überstand. Über massivem Sockel ist das Gartenhaus zehneckig und mit einer einmal gestuften, geschweiften Haube gedeckt. Im Wechsel sind die Seiten gerade und gerundet, an den geraden Flächen befinden sich die Fenster in weiß gestrichenen Holzgewänden und mit geschweiften Stürzen. Die Gesimse des 1722 errichteten Baues sind ebenfalls aus Holz und gegen das Grau des Schiefers weiß abgesetzt. Der Eingang mit vorliegender, gerundeter Freitreppe kann durch Schlagläden geschlossen werden.

Das zum Haus Kaiserstraße 43 in Gummersbach gehörende Gartenhaus geht wahrscheinlich auf ältere Traditionen zurück, obwohl auch hier eine Entstehung in der 1. Hälfte des 18. Jahrhunderts anzunehmen ist. Es ist eingeschossig, massiv und verputzt, über unregelmäßigem Grundriß mit einem verschieferten Mansarddach gedeckt. Schweifgiebel und Dachgaupen sind Formen des 18. Jahrhunderts, Fenster und Türblätter stammen aus dem Ende des 19. Jahrhunderts.

Romantische Idylle: Gartenhäuser in Radevormwald (o.) und am Bornerhof in Gummersbach

Von Eichenbalken und Gefachen

Die Unterschiede zum bürgerlichen Wohnhaus können gering oder nicht vorhanden sein. Trotzdem wird eine Trennung vorgenommen, um den sehr einfachen Bauten außerhalb eines städtischen Zusammenhanges gerecht werden zu können.

Wohnhäuser sind aufgrund der großen Zahl bedeutende Geschichtsquellen, Quellen einer „Geschichte von unten", für die schriftliche Überlieferungen nur unzureichend vorliegen. Wohnen und Arbeiten erfolgten in größter räumlicher Nähe. Sie bestimmten die Zuordnung von Bauteilen und Räumen. Erst die Industrialisierung im 19. Jahrhundert löste diese Zusammenhänge. Mit der Herausbildung einer arbeitsteiligen Gesellschaft, der außerhalb von Familie und Wohnung ausgeübten Erwerbstätigkeit wird das Haus, das ausschließlich Wohnzwecken dient, zum Hauptvertreter, notwendige Nebengebäude (Kleintierställe, Wagenremisen) in ihrer Gestaltung als zweitrangig behandelt. Nur die rein landwirtschaftlich genutzten Anwesen halten länger an den Traditionen fest.

Häuser sind für die Geschichtswissenschaft, für die Volkskunde – mit ihr verbunden die Hauskunde – bedeutende und auch aufschlußreiche Untersuchungsobjekte. Untersuchungsgegenstände hierbei sind vor allem die unterschiedlichen Haustypen, ihr Konstruktions-, Raum- und Funktionsgefüge im Verhältnis zur jeweiligen Chronologie, Baugeschichte und Verbreitung. Bis in die zwanziger Jahre des 20. Jahrhunderts war es üblich, ethnische Bindungen vorauszusetzen, d.h. Bindungen z. B. an die Siedlungsbewegungen der Sachsen oder Franken. Untersuchungen zeigten jedoch, daß die Herausbildung uns bekannter Haustypen sehr viel später als die frühmittelalterlichen Bevölkerungsbewegungen erfolgte. Man stellte fest, daß die Gestaltung einfacher Häuser nicht, wie z. B. bei den Kirchenbauten, von besonderen, kulturell wirksamen Zentren aus beeinflußt wird, sondern eine wellenförmige, durch Misch- und Übergangsformen geprägte Ausbreitung vorliegt. Es gilt deshalb die Darstellung und Betrachtung nicht anhand meist konstruierter und abstrahierter Grundtypen vorzunehmen, sondern jedes Haus als ein Original, als ein Ergebnis der unterschiedlichen Entstehungsbedingungen anzusehen. Dazu gehören neben den besonderen topographischen Verhältnissen die Eigenheiten der Bewirtschaftung, die soziale Stellung des Bauherrn und nicht zuletzt die Tradition des örtlichen Handwerks. Als Ergebnis der Untersuchungen erhält man Einblicke in die technischen, wirtschaftlichen und sozialen Verhältnisse der Bauzeit.

Die Siedlungsstruktur und ihre Hausformen wurden im Oberbergischen Kreis auch dadurch geprägt, daß bereits im Hochmittelalter in weiten Bereichen die gewerbliche Tätigkeit überwog. Ackerbau und Viehzucht dienten, im Nebenerwerb betrieben, meist nur der Befriedigung der eigenen Bedürfnisse.

Nachdem zunächst die günstigen Höhenlagen, Standorte unterhalb der Wasserscheiden und die Ränder der Quellmulden besiedelt wurden, zuerst durch Einzelhöfe, um die sich bald Gehöftgruppen scharten, die zu Weilern anwuchsen, folgte der Zug in die Täler. Die Standorte der Hütten und Hämmer mit ihrer Ausnutzung der Wasserkraft bestimmten den Charakter der Ansiedlungen.

Allgemein teilt eine Hausgrenze den Kreis in zwei unterschiedliche Bereiche, für die in großzügig überschauender Weise der Einfluß einmal des niederdeutschen Hallenhauses und der mitteldeutschen Hausform festgestellt werden muß. Fast ausschließlich sind offene Gehöftformen ohne Winkelbildung anzutreffen, geeignet in gebirgigen Verhältnissen, aber auch für die landwirtschaftlich-gewerblichen Mischstrukturen.

Vorherrschend ist überall die Fachwerkbauweise. Im Hallenhausgebiet findet sich auch die Verwendung von Bruchsteinmauerwerk, als massives Erdgeschoß oder für den gesamten Bau. Außerhalb gibt es für das 18. Jahrhundert auch in Ründeroth massive Erdgeschosse.

Bei den Fachwerkhauskonstruktionen ist zu unterscheiden zwischen den einfachen Ständerwandbauten, den Geschoßbauten – in den frühen Beispielen mit Längsbalkenlagen – und in einem kleinen Gebiet Bauten mit stockwerksweiser Abzimmerung. Im 19. Jahrhundert kommt noch riegelloses Fachwerk dazu, auch dieses wieder räumlich begrenzt.

Innerhalb des Einflußbereiches des mitteldeutschen Hauses trennt eine weitere Grenze einen nördlichen Teil, in dem ein weitmaschiges Fachwerk mit auf die Eckständer zulaufenden, bohlenförmigen, breiten Kopfbändern vorherrscht, von einem südlichen mit sehr enger Ständerstellung.

Die konstruktiven Teile werden durch Schmuckformen wie Abfasungen (17. Jh.) und Profilierungen (18. Jh.) am Rähm, schmückende Reliefs in Form von Herzen, Rauten, Ranken und Voluten auf Ständern und Balken aufgewertet, dazu fügt man die Streben zu den Ständern gern zu Figuren zusammen. Die Ausfachung bestand generell aus Lehmflechtwerk.

Regional noch enger begrenzt und vor allem im 18. Jahrhundert auftretend sind Formen, die auf örtliche Traditionen zurückzuführen sind. Dazu gehört in Waldbröl ein stilisiertes Sonnenrad über gedrungenem, geschweiften Zierstil, das im obersten Giebeldreieck angebracht wird, in Nümbrecht sind die Inschriften umlaufend auf dem Rähm untergebracht, geschweifte Zierstile unterhalb der Fenstersohlbänke sind typisch für Ründeroth, umlaufend V-förmige Anordnung der Streben gibt es in Radevormwald-Remlingrade, in Wiehl die auffällig hohen, mit zwei Riegeln versteiften Geschosse.

Die Hallenhäuser werden von ihren Giebeln her mit einem durchlaufenden Flur erschlossen, zu dem beidseitig die Eingänge führen. Typisch für den Norden des Kreises ist auch eine für das Flettdeelenhaus charakteristische Anordnung, bei der der vom Giebel ausgehende Flur in der Mitte des Hauses auf eine Quererschließung trifft, die Wohn- und Wirtschaftsteil voneinander trennt. Diese Innenaufteilung hat sich beim Haus Dahl in Marienheide auf beispielhafte Weise erhalten.

Das Wohnstall- oder Einhaus ist in der Regel von der Traufseite her erschlossen. Seine Längsaufteilung kann zwei- oder dreizonig sein, in der Hausbreite zweiraumtief. Die sehr einfachen, zweizonigen Häuser besaßen neben dem Stall im Wohnteil nur den Flur-Herdraum mit dahinterliegender Stube. Häufiger ist die dreizonige Aufteilung mit dem Flur-Herdraum in der Mitte. In diesem Raum befand sich die Feuerstelle. Er war bis zum Dach hin offen, ihm war die im Kreisgebiet übliche Rauchbühne zugeordnet. Seit dem 18. Jahrhundert und vor allem mit dem Aufkommen gußeiserner Öfen wurden Abtrennungen, vor allem eines speziellen Küchenraumes vorgenommen. Einseitig schließt der Stall an, ursprünglich zur Diele hin offen, dann aber durch eine Mauer abgetrennt und von außen durch einen zusätzlichen Eingang zugänglich gemacht. Der Wohnteil auf der gegenüberliegenden Seite war durch einen Gewölbekeller unterfangen, der von der Diele aus zu erreichen war. Im Obergeschoß lagen die Schlafräume, die vom Wohnraum aus ursprünglich nur durch eine Leiter erreichbar waren, und zusätzlicher Bergeraum für Viehfutter über dem Stall. Sitzbänke, Einbauschränke, Pflasterung im Zierverband im Flur sind Ausstattungselemente ebenso wie die quergeteilte Haustür. Separate Wirtschaftsgebäude baute man dann vermehrt im 19. Jahrhundert, dazu gehören Scheunen und Ställe.

Auch die Dachformen wechseln je nach Einflußgebiet erheblich. Die breitgiebeligen Hallenhäuser sind mit Krüppelwalmdächern gedeckt, deren Abwalmung über dem Giebel besonders weit heruntergezogen ist. Sonst herrscht das Satteldach vor.

Im 19. Jahrhundert werden überregionale Einflüsse wirksam. Das Fachwerk charakterisiert eine sehr regelmäßige Ständerstellung, der auch die Regelmäßigkeit der Fensterachsen entspricht. Die Mittelbetonung des bürgerlichen Hauses durch Eingang und Giebel wird in bescheidenen Formen übernommen, ergänzt durch das jetzt höher aufragende Krüppelwalmdach.

Aufkommende Ringofenziegeleien führen gegen Ende des Jahrhunderts auch zur Verwendung des für das bergische Land untypischen Baumaterials im Hausbau oder es werden vorgefertigte Fachwerkhäuser aufgestellt.

Der Bau eines Fachwerkhauses war in den oberbergischen Dörfern über viele Jahrhunderte hinweg äußerst mühevoll und zeitaufwendig. Vom Baubeginn bis zum Einzug des Bauherrn konnte es mehrere Jahre dauern.

Zu den ersten Bauvorbereitungen gehörte das Fällen dikker Bäume und das anschließende Sägen der Balken für das sogenannte Ständerwerk. Diese Sägearbeit in speziellen Gruben erforderte Kraft und Ausdauer.

Das Aufrichten des Ständerwerks auf einem Fundament aus rohbehauenen Bruchsteinen war Gemeinschaftsarbeit der Männer im Dorf. Der Aufbau folgte keinen Zeichnungen sondern altüberlieferten Regeln oberbergischer Baukunst.

Die Gefache wurden mit Flechtwerk aus Eichenlatten, Faulbaumzweigen und strohvermischtem Lehm ausgekleidet oder auch mit Ziegeln ausgemauert und innen mit Kalkmörtel grob verputzt und geweißt.

Die alten Raritäten

Wohn-, Hallen- und Wohnstallhäuser, die vor dem 18. Jahrhundert errichtet wurden, sind sehr selten. Häufig auftretende Brände, aber auch Umbauten aufgrund sich wandelnder Produktions- und Wirtschaftsweisen haben den Bestand stark dezimiert. Häufig werden auch noch vorhandene Hausteile bezüglich ihres Alters und ihrer Bedeutung nicht entsprechend eingeschätzt. Die erhaltenen Beispiele vermögen trotzdem, die Hauslandschaft des Oberbergischen Kreises anschaulich werden zu lassen.

Beispielhaft für das im Nordosten des Kreises vorkommende Hallenhaus ist Haus Dahl in Marienheide. Es wird heute als Außenstelle von Museum Schloß Homburg genutzt. Im Sturz des giebelseitigen Einganges soll die Jahreszahl 1585 gestanden haben. Das zweigeschossige Gebäude besteht im Erdgeschoß aus geschlämmtem Bruchsteinmauerwerk und im Obergeschoß aus Fachwerk. Der in jüngster Zeit erneuerte Dachstuhl erhielt seine ursprüngliche Strohdeckung wieder. Die Giebelseiten zeigen den typischen, weit heruntergezogenen Krüppelwalm. Ein Vorratskeller liegt außerhalb des Hauses. Im Inneren hat sich die für das Flettdeelenhaus typische Zuordnung von firstparallelen und quer zum First verlaufenden, mittig und rechtwinklig aufeinandertreffenden Fluren erhalten, die Wohn- und Wirtschaftsteil voneinander trennen.

Vergleichbar mit Haus Dahl ist das Gebäude Kapellenweg 8/10 in Marienheide-Kempershöhe. Das Ende des 17. Jahrhunderts entstandene, im 19. Jahrhundert geteilte Hallenhaus mit kleinem Gewölbekeller zeigt das gleiche breitgiebelige Krüppelwalmdach und die Verwendung von geschlämmtem Bruchstein. Nach neueren Untersuchungen sind in einem Hausteil zwei Ständerreihen nachgewiesen worden. Auch hier hat wahrscheinlich eine dem Flettdeelenhaus entsprechende Innenaufteilung vorgelegen.

Weiterhin vergleichbar ist das Haus Marienheide-Schönborn Nr. 30, ebenfalls mit Krüppelwalmdach, Bruchsteinerd- und Fachwerkobergeschoß. Die ehemals vorhandene, giebelseitige Einfahrt und der traufseitige Eingang deuten daraufhin, daß auch hier ein Flettdeelenhaus anzunehmen ist. Eine Räucherkammer im Dachraum, die Dielenpflasterung in Fischgrätform und der tonnengewölbte Keller sind Ausstattungsdetails des sicher ebenfalls im 17. Jahrhundert errichteten Baues.

Zu den ältesten Beispielen gehört auch das heute als Wirtschaftsgebäude genutzte, zweigeschossige Haus in Hückeswagen-Frohnhausen, zugehörig zum Schieferhaus Nr. 1/3. Dem sich nähernden Betrachter zeigt es sich verkleidet, verbrettert, fensterlos. Unter der Verkleidung blieb jedoch die originale Fachwerkkonstruktion erhalten. Offen liegt nur die beeindruckende Giebelseite. Sie kragt über starken, geschweiften Knaggen zweifach vor. Auffallend ist das hochaufragende Satteldach. Die Fenster sind durch Balkenkreuze geteilt, die beiden oberen Felder waren verglast, die unteren durch Schlagläden geschlossen, die zum Teil noch vorhanden sind. Der giebelseitige Eingang ist rundbogig, der Rähm an der Unterseite abgefast. Im Giebeldreieck befindet sich noch eine Ladeluke. Die Gestaltungsmerkmale weisen auf eine Bauzeit hin, die man für die Zeit um oder kurz nach 1600 annehmen kann.

Aus dieser Zeit stammt ebenfalls das Haus Überberg Nr. 1 in Wipperfürth. Bis zum Beginn der achtziger Jahre des 20. Jahrhunderts wurde es als Wirtschaftsgebäude genutzt, dann aber freigelegt und entkernt. Der Giebel des Ständerwandbaus zeigt eine Folge von gebogenen Fußstreben in halbkreisförmiger Anordnung, und am Rähm wurden die Abfasungen der Unterkante auf die Ständer zugearbeitet.

Beispiele für die traufseitig erschlossenen Wohnstallhäuser mit weitmaschigem Fachwerk und bohlenförmigen, starken Kopfstreben, wie sie in der Mitte des Kreisgebietes, vor allem im Bereich um Gummersbach vorkommen, sind Engelskirchen-Wielmünden, Im Springerfeld 24, und Am Krusenberg 5 in Gummersbach-Bernberg.

Das Haus in Wiehlmünden ist durch den Türspruch seitlich des heute versetzten Einganges eindeutig zeitlich zuzuordnen:
1696 DEN 26 IUNIUS ... AM ERSTEN NACH DEM ... S UND SEI ... GRECHKET...CH DAS AN DES ANZUFA... CHATRIN ...SORS.

Gebaut am Ende des 16. Jahrhunderts: Das Hallenhaus in Marienheide-Dahl (o.)
Das Haus in Marienheide-Kempershöhe (u.) entstand wahrscheinlich am Ende des 17. Jahrhunderts

Um das Doppelte verlängert wurde im Jahr 1765 Haus Am Krusenberg in Gummersbach-Bernberg

Das zweigeschossige Haus wurde im 18. Jahrhundert und in jüngster Zeit verändert, jedoch blieben charakteristische Merkmale der Bauzeit erhalten. Dazu gehört die zweifache Vorkragung über Längsbalkenlagen an der Giebelseite und die Abfasungen am Rähm und am Giebelfußbalken.

Am Krusenberg 5 in Gummersbach-Bernberg kann durch einen, aus seinem Zusammenhang herausgelösten Balkenrest datiert werden: PER ASPERA AD ASTRA 1665. Das zweigeschossige, teilweise verschieferte Fachwerkhaus über massivem Sockel mit verputzten Teilen wurde 1765 um das Doppelte verlängert. Der älteste Teil zeigt eine beeindruckende Fachwerk-Giebelseite mit gebogenen Zierstreben, gereihten Andreaskreuzen und reliefierten Knaggen. Die Verlängerung des 18. Jahrhunderts wird durch einen traufseitigen Eingang mit Türblatt des 19. Jahrhunderts erschlossen.

Vergleichbare Merkmale, vor allem die Kopfstreben, zeigt das Haus Am Steinbergshof 4 in Gummersbach-Rospe. Das sehr langgestreckte Haus wurde ebenfalls im 18. Jahrhundert erweitert. Abweichend liegen 2 Eingänge hier an der Giebelseite. An die Fachwerkkonstruktion des Hauses „Weißenpferdchen" erinnert die von Lüdenbacher Weg 52 in Engelskirchen. Diese charakterisiert eine sehr enge Ständerstellung, fast haushohe Schrägstreben und Ständerwandbauweise. Alle Merkmale sind vorhanden und lassen die Annahme einer Entstehungszeit im 17. Jahrhundert berechtigt erscheinen.

Das Haus Krähwinkel Nr. 2 in Radevormwald ist durch Verkleidungen der Außenfronten schwer zeitlich einzuschätzen. Baukörper und die Auskragung an der Giebelseite könnten auf eine Bauzeit im 17. Jahrhundert hindeuten. Eine zeitgleiche Entstehung könnte auch auf Halstenbachstraße 15 in Gummersbach-Dieringhausen zutreffen, auch hier bestimmen aber die Umbauten des 18. Jahrhunderts das Bild.

Größer ist die Zahl der erhaltenen einfachen Bauten des 18. Jahrhunderts. Die Grenze, die die Gebiete des Hallenhauses von denen mitteldeutscher Hausformen trennt, bleibt weiter bestehen, jedoch nehmen regionale Traditionen Einfluß auf ihre Gestaltung.

Ein gutes Beispiel für ein dreizoniges Wohnstallhaus ist Zur Gartenwiese 1 in Reichshof-Sotterbach. Baukörper

Ein prachtvoller Giebel aus dem Jahr 1665 ziert das mehrfach erweiterte Fachwerkhaus in Gummersbach-Bernberg

Laut Türspruch wurde das Haus in Engelskirchen-Wiehlmünden ebenfalls im Jahr 1665 errichtet

Mit bohlenförmigen Kopfbändern: Das Haus in Gummersbach-Rospe (o.)
Zahlreiche An- und Umbauten kennzeichnen das Haus in Gummersbach-Halstenbach (u.)

Charakteristischer Haustyp: Ein Wohnstallhaus in Reichshof-Sotterbach (o.)
Ein Haus in Wiehl-Jennecken mit zwei Riegeln pro Geschoß (u.)

und Zierformen (Profilierungen der Balken) lassen eine Entstehungszeit nach 1750 als sicher erscheinen. Im 19. Jahrhundert wurde ein Pferdestall angebaut. Der zweiraumtiefe Wohnteil ist unterkellert, der Kellerraum ist von der Diele aus zugänglich. Einbauschränke und eine Sitzbank gehören zur Ausstattung der Stube. Die darüberliegenden Schlafräume waren vor dem Einbau einer Treppe im Dielenraum nur durch eine Leiter über eine Luke zu erreichen. Bis zum Einbau der Treppe reichte der Dielenraum bis zum Dach. Heute liegen zum Treppenabsatz im Obergeschoß eine Räucherkammer und eine Knechtskammer. Der anschließende Stall ist von der Diele aus und von außen zugänglich, über ihm im Obergeschoß liegt der Bergeraum für das Viehfutter, der äußerlich durch seine nicht unbedingt notwendige Durchfensterung der Gestaltung des Wohnteiles angeglichen wurde.

Einen reicheren Bauherrn hatte das Haus Weizenfeld 1 in Waldbröl-Wilkenroth. Das sehr große, zweigeschossige Fachwerkhaus zeigt die typischen Gestaltungsmerkmale seiner Entstehungszeit, der Mitte des 18. Jahrhunderts. Reliefs in Form von Herzen und Rauten auf dem Balkenwerk gehören dazu ebenso wie der im Waldbröler Bereich übliche Zierstil mit Sonnenrad im obersten Giebeldreieck. Das Fachwerk wurde über seine konstruktive Funktion hinaus zu Figuren zusammengefügt, in dem man um einen Ständer Streben und Kopfstreben symmetrisch anordnete. An jeder Traufseite befindet sich ein Eingang, eine Garage wurde in jüngerer Zeit eingebaut. Räume einer landwirtschaftlichen Nutzung gibt es heute nicht mehr, jedoch konnte das Gebäude aufgrund seiner Größe über längere Zeit als Hotel genutzt werden.

Ebenfalls aus dem 18. Jahrhundert stammt das Haus Wiehl-Jennecken Nr. 45/47. Der sich repräsentativ abhebende Bau zeigt die für die Wiehler Fachwerkhäuser typischen hohen Geschosse, über zwei Riegel versteift. Er besaß weder Stall noch Bergeraum im Haus selbst, dafür gibt es zwei rundbogige Eingänge und eine heute zugemauerte Einfahrt im hohen Sockel, der als Lagerraum oder Remise gedient haben kann. Das Obergeschoß kragt leicht über, das Balkenwerk ist profiliert, die Eckstreben werden zusätzlich durch Fußstreben verstärkt. Ein Rundbogen im Rähm deutet darauf hin, daß der heutige danebenliegende Eingang mit seitlichen Fenstern später eingefügt wurde. Das geschah wahrscheinlich im Zusammenhang mit einer Dacherneuerung, denn das Krüppelwalmdach und mehr noch der breite Mittelgiebel mit umlaufendem, profiliertem Gesims sind sicher erst in der 1. Hälfte des 19. Jahrhunderts aufgebracht worden.

Stärker durch seine landwirtschaftliche Nutzung geprägt ist Liefenrother Str. 39/41 in Gummersbach-Liefenroth. Das zweigeschossige, langgestreckte Fachwerkhaus ist an der Eingangs-Traufseite verschiefert. Drei traufseitige Eingänge erschließen das Innere, dabei liegen ein Eingang aus dem 19. Jahrhundert und einer mit quergeteiltem Türblatt aus dem 18. Jahrhundert an einer Seite. Einige Fenster haben Bleisprossen. Für die Bauzeit im 18. Jahrhundert sprechen die Profilierungen am Balkenwerk und Ornamentreliefs an den Eckständern. Den Giebel schmücken Rad und Zierstreben. Die ursprüngliche Grundrißdisposition blieb weitgehend erhalten, dazu Steinfußboden, Türblätter, Wasserpumpe, integrierter Stallteil. Zum Anwesen gehört auch ein Fachwerk-Wirtschaftsgebäude mit tonnengewölbtem Vorratsraum.

Im 18. Jahrhundert entstand das Haus in Wiehl-Scheidt, Im Scheidter Hof 4, das über der Tür die Jahreszahl 1724 zeigt, zusammen mit den typischen Profilierungen am Balkenwerk.

Weiterhin gehört das Haus Auf den Eichen 4 in Waldbröl-Dickhausen zu dieser Reihe. Hier finden sich Reliefs in Form von Rauten und Herzen, Profilierungen, wie sie für das 18. Jahrhundert typisch sind, dazu gebogene Zierstreben und das für Waldbröl typische stilisierte Sonnenrad im Giebeldreieck. Vergleicht man dieses mit dem vorgenannten Objekt, wird man eine Entstehungszeit bis 1750 annehmen können. Zwei weitere Waldbröler Objekte müssen in diesem Zusammenhang gesehen werden, Großenseifen Nr. 1 und Hahn, In der Kehre 26. Das sehr kleine, nur zweizonige Großenseifener Haus ist teilweise blechbehangen und verbrettert und hat einen auffällig hohen Bruchsteinsockel, in den ein Eingang führt. Hahn, In der Kehre 26, ist im Rähm 1733 datiert, ebenfalls nur zweizonig, mit den typischen Reliefs auf dem Balkenwerk.

Ein Edelhof Remlingrade-Radevormwald ist 1185 erstmals erwähnt. Um 1500 war die Grundherrschaft

Einen wohlhabenden Bauherrn hatte das geräumige Fachwerkhaus in Waldbröl-Wilkenroth

Unterschiedliche Reliefs an den Balken zieren das Fachwerkhaus in Wilkenroth: Raute, Muschel, Herz

Das Fachwerkhaus in Wiehl-Scheidt stammt laut Türspruch aus dem Jahr 1724. Der Vers umrankt von geschnitzten Blumen findet sich über etlichen alten Türen. Er lautet: „Wer Gott vertraut – hat wohl gebaut – im Himmel und auf Erden – Wer sich verläßt – auf Jesus Christ – dem muß der Himmel werden"

Zum Ende des 18. Jahrhunderts errichtete der Bauherr dieses schöne Fachwerkhaus in Waldbröl-Puhl. Der rund 100 Jahre später eingebaute Eingang mit Portal verdeckt zum Teil den eingeschnitzten Spruch auf dem Mittelbalken

Für den Waldbröler Raum typisch ist der gedrungene Zierstil im Giebeldreieck. Noch aus heidnischer Zeit stammt die Verwendung des Sonnensymbols, das in vielen Orten im Südkreis auftaucht

Remlingrade mit 30 Bauerngütern ein Immunitätsbezirk mit Asylrecht. Das Haus Remlingrade Nr. 3 besitzt Merkmale, wie sie im nördlichen Teil der Gemeinde vorkommen. Zweigeschossig, mit teilweise verputztem Fachwerk zeigt es die tyische, umlaufende V-förmige Anordnung der Streben. Der Rähm ist profiliert, zwei giebelseitige Eingänge erschließen das Gebäude, einer davon führt in den Stall, der zweite hat als Stufe einen Grabstein des 18. Jahrhunderts. Die zusätzlichen Wirtschafteingänge an beiden Traufseiten könnten darauf hindeuten, daß hier nicht die landwirtschaftlichen Funktionen Wohnen, Stall und Bergeraum das innere Raumgefüge bestimmt haben, sondern weitere Tätigkeitsbereiche im Haus untergebracht waren. Einige offensichtlich ältere Fenster sitzen unmittelbar auf den Brüstungsriegeln auf, das darüberliegende Gefach reicht ungeteilt bis zum Rähm.

Talsperrenweg 18 in Radevormwald-Honsberg hat gleichfalls profiliertes Balkenwerk, ist teilweise verbrettert. Die typischen V-förmigen Streben sind ebenfalls vorhanden. Zu den weiteren Elementen, die ins 18. Jahrhundert verweisen, gehören eine Vorkragung der Giebelseite, Andreaskreuze und gebogene Verstrebungen in den Brüstungsgefachen unterhalb der Fenster. Das nur zweizonige Haus Vorm Baum 9/11, Radevormwald, gehört weiterhin zu dieser Gruppe.

Mit zwei als „Mann“ bezeichneten Fachwerkfiguren an der Giebelseite ist das Haus Kleinenbernberger Str. 16/18 in Gummersbach-Bernberg besonders aufwendig konstruiert. Das zweigeschossige Gebäude zeigt zusätzlich die im 18. Jahrhundert gebräuchlichen Profilierungen und Rautenreliefs auf den Eckständern.

Im 19. Jahrhundert erhielt das Fachwerkhaus Kölner Straße 32/34 in Gummersbach-Derschlag einen interessanten Verputz. Durch eine regelmäßige, aufgeputzte Pilastergliederung wurde es im Sinne eines bürgerlichen Selbstverständnisses aufgewertet. Es stammt im Kern noch aus dem 18. Jahrhundert, wurde jedoch im 19. Jahrhundert verputzt und umgebaut. Dagegen ist Halstenbachstraße 15 in Gummersbach-Dieringhausen als älteres Fachwerkhaus das Ergebnis eines Umbaus im 18. Jahrhundert.

Zu den durch inschriftliche Datierung in ihrer Entstehungszeit belegten Objekten gehört Rodt Nr. 2 in Gummersbach-Rodt. Es entstand 1764 nach der Eintragung im Sturzbalken über dem heute zugesetzten giebelseitigen Eingang.

Das gleiche gilt für Hofstraße 2/4 in Engelskirchen-Bellingroth. Das Fachwerkhaus ist im Türsturz 1763 datiert und besitzt an einem der beiden traufseitigen Eingänge noch seine quergeteilte Haustür.

In Lindlar-Rölenommer war der freiadelige Hof Ommer 1703 im Besitz der Elise Constantia von Rodenkirchen und wurde 1743 an den Dechanten Stoesberg von St. Georg zu Köln verkauft. In diesem Zusammenhang steht das zweigeschossige Fachwerkhaus Rölenommer Nr. 3. In seinem Türsturz befindet sich neben einem Wappen mit Adelskrone und Dekanshut folgende Inschrift:

D(IESES) H(AUS) H(AT) L(ASSEN) A(UF) B(AUEN) D(ER) H(OCH)W(ÜRDIGE) H(OCH)W(OHL) G(E)B(ORENE)HERN I.A. STOSBERG DECH(A)N(T) 2 (U) S(ANKT) G(EORG) 1748 D(EN) 29. IUNII.

Auf dem gerundeten Gebälk darüber sind reliefierte kniende Engel zu sehen, die einen Kelch flankieren.

In der Mitte des 18. Jahrhunderts entstanden die Häuser Nümbrecht-Niederstaffelbach Nr. 10, Reichshof-Nosbach, Dorfstraße 9 und Reichshof-Dorn, Alper Straße 14.

Durch die Schenkungsurkunde von 1167 den „Reichshof Eckenhagen“ betreffend ist der Ort erstmalig genannt. 1197 gründeten Mönche des Bonner Cassiusstiftes die Kirche. Die Vogteirechte übten zuerst die Grafen von Sayn aus. Erbstreitigkeiten zwischen diesen und den Grafen von Berg führten 1257 zu einer vertraglichen Festlegung, die alle Rechte den Grafen von Berg übertrug und zu deren Amt Windeck Eckenhagen schließlich gehörte. Silber-, Blei- und Eisenerzbergbau verliehen dem Ort seine wirtschaftliche und historische Bedeutung, in der Mitte des 16. Jahrhunderts war er das Zentrum des gesamten bergischen Bergbaues, in dem auch die höheren Bergbeamten wohnten. Er war weiterhin seit dem Mittelalter Sitz eines Landgerichtes, das jedoch mit dem durch den Niedergang des Bergbaus einsetzenden Bedeutungsverlust 1810 nach

Zwei Beispiele schöner Waldbröler Fachwerkarchitektur: Oben ein Haus in Großenseifen 1
Das zweizonige Haus mit den dicken Balken steht in Waldbröl-Hahn

Aufwendige Fachwerkfiguren schmücken das Haus in Gummersbach-Bernberg (o.).
Das Haus in Rodt entstand laut der Eintragung im Sturzbalken schon im Jahr 1764

Waldbröl verlegt wurde. Heute ist Eckenhagen ein malerischer Kirchort, dessen historisches Zentrum ungefähr die Fläche des ehemaligen Reichshofes einnimmt. Eine Reihe Fachwerkhäuser des 18. und 19. Jahrhunderts prägten den Ort.

Sehr schön und anschaulich wirkt die gesamte Häusergruppe an der Blankenbacher Straße. Zwerchgiebel und Mitteleingang des zweigeschossigen Fachwerkhauses Nr. 2 deuten auf eine Bauzeit um 1800, während das Nachbarhaus Nr. 4 älter ist und in der 2. Hälfte des 18. Jahrhunderts errichtet wurde. Nr. 6 entstand erst Ende des 19. Jahrhunderts.

1790 ist das Gebäude im Reichshof 2 errichtet worden. Über dem Sturz seiner beiden traufseitigen Eingänge sind hölzerne, mit Blütenranken verzierte Inschriftsplatten angebracht, die aber teilweise verdeckt sind.

1. Inschrift:
WIR BAUEN ALLE FEST UND SIND DOCH FREMDE GESTE UND DA WIR SOLDEN EWIG SEIN DA BAUEN WIR GAR SELDEN EIN.

2. Inschrift:
ALS MAN 17 HUNDERT 90 EIN THAT SCHREIBEN AUS FIENG BAUMEISTER NOHL ZU BAUEN DIESES HAUS. DA MAN SCHREIBET 17 HUNDERT 90 B (R?) ESSEL ER AUCH DEN ERSTEN STEIN AUCH NOCH ...(JA)HREN IST GOTT SEI DANCK NACH DADRA GOT ... F(E?)INF(E?)GR(B?)A ...

Dem zu Ende gehenden 18. Jahrhundert oder dem beginnenden 19. Jahrhundert gehören auch die Häuser in Nümbrecht-Heddinghausen (o. Nr.) und Nümbrecht-Friedenthal 1, an. Letzteres zeigt aber noch gestalterische Details, wie sie die Fachwerkhäuser des 18. Jahrhunderts geprägt haben. Dazu gehören profilierte Balken, Fachwerkfiguren und eine umlaufende, leider nicht mehr leserliche Inschrift im Rähm, wie es für die Gegend um Nümbrecht typisch ist.

Die Bedeutung Kaltenbachs als Standort von Bergbau und Hüttenindustrie wird im Kapitel IV dargestellt. Im 18. Jahrhundert hatte der Bergbau hier eine neue Blüte erlebt,

V-förmige Streben: Fachwerkhaus in Radevormwald-Remlingrade

Zwei Fachwerkhäuser aus der Mitte des 18. Jahrhunderts:
Reichshof-Dorn, Alper Straße und Reichshof-Nosbach, Dorfstraße (o.)

Idyll in Schwarz-Weiß:
Gruppe von Fachwerkhäusern in
Reichshof-Eckenhagen (o.)

In Bergischer Bautradition:
Eingangstür des Hauses
„Im Reichshof" in Eckenhagen
und die Türinschrift im Detail

Eine umlaufende Inschrift im Rähmbalken trägt das mehrfach angebaute Fachwerkhaus in Nümbrecht-Heddinghausen (o.)

Das Haus in Nümbrecht-Heide zeigt noch gestalterische Merkmale des 18. Jahrhunderts

Detail des sogenannten Uhrmacherhauses in Radevormwald-Hürxtal

das gewonnene Roheisen wurde als „Kaltenbacher Spiegel" weithin bekannt. Siedlungsstruktur und Bauten des Ortes entsprechen diesen Traditionen. Das um die Wende vom 18. zum 19. Jahrhundert entstandene Fachwerkhaus Heinrich-Lambeck-Weg in Engelskirchen-Kaltenbach steht zweigeschossig über einem nahezu quadratischen Grundriß und hohem Bruchsteinsockel, der Kellereingänge freiläßt. Der teilweise verputzte, teilweise mit Eternitschiefer verkleidete Bau zeigt die im Ründerother Bereich üblichen Zierstile. Der den Ort durchfließende Kaltenbach lieferte über Jahrhunderte Wasserkraft für Bergwerke und Hütten. So führt der rückwärtige von zwei traufseitigen Eingängen zu einer kleinen Bruchsteinbrücke über diesen Bach.

Eine Sondergruppe bilden die massiven Bauten, die fast einheitlich im Gebiet um Marienheide im Bereich der Hallenhäuser auftreten. Vor allem der Ortskern von Marienheide-Müllenbach ist deutlich geprägt von den Bruchsteinbauten des 17., aber vor allem des 18. Jahrhunderts mit den typischen giebelseitigen Erschließungen. Mangelndes Bauholz konnte nicht zu den Gründen gehören, die in dieser Gegend den Bruchstein als Baumaterial gebräuchlich werden ließen, ebenso keine abweichende territoriale Zugehörigkeit, denn zusammen mit Bergneustadt gehörte Marienheide zur Grafschaft Mark. Die „Steinbauinsel" erstreckt sich auch auf die angrenzenden Teile Westfalens.

Ein gutes Beispiel für diesen Bautyp, dessen Herkunft immer noch der Klärung bedarf, ist das zweigeschossige Bruchsteinhaus am Mühlenweg 51 in Marienheide. Gegen Ende des 18. Jahrhunderts errichtet, ist es am Hang liegend teilunterkellert, hat stichbogige Fenster, giebelseitige Eingänge, Blechbehang am Giebel und einen Wirtschaftsanbau unter Pultdach. Weiterhin gehören Marienheide-Jedinghagen, Zum Acker 3, Marienheide-Kalsbach, Kalsbacher Str. 11, und Marienheide-Lambach Nr. 8 dazu.

Vereinzelt treten auch in den übrigen Gebieten im 18. Jahrhundert einfache, ländliche Massivbauten auf, jedoch bilden sie eine Besonderheit.

Auf die sehr häufige Nutzungsverbindung von landwirtschaftlicher Selbstversorgung und gewerblicher Tätigkeit geht die Struktur des Hauses Hürxtal Nr. 1 in Radevormwald zurück. Das durch eine traufseitig angebrachte Inschriftplatte 1744 datierte breitgiebelige, zweigeschossige, verputzte, massive, in den Giebeldreiecken blechbehangene Haus hat zwar einen integrierten Stallteil, jedoch soll von hier aus die Radevormwalder Uhrenindustrie Verbreitung gefunden haben.

Mit der Jahreszahl 1767 ist die Bauzeit des Wohnhauses Wiehlpuhl 1 in Engelskirchen-Osberghausen festgelegt. Es gehört schon aufgrund seiner aufwendigeren Gestaltung eher zur Gruppe bürgerlicher Häuser. Das zweigeschossige steinsichtig verputzte Bruchsteingebäude hat einen traufseitigen Mitteleingang mit vorliegender Freitreppe und Freisitz. Die stichbogigen Fenster haben in den Oberlichtern runde Versprossungen aus Metall, die sicher auf das 19. Jahrhundert zurückgehen.

Durchaus vergleichbar mit dem Pfarrhaus in Eckenhagen ist das Gebäude Morsbacher Str. 2 in Reichshof-Denklingen. Das zweigeschossige Fachwerkhaus hat eine aufwendig verschieferte Fassade. Der Mitteleingang mit

Aus groben Steinen der heimischen Brüche sind die Häuser im Bereich Marienheide errichtet worden. Sie zählen zu den Besonderheiten in einer sogenannten „Steinbauinsel"

Ein gutes Beispiel für die Bruchsteinarchitektur ist das Haus in Marienheide-Kalsbach

Mit einem repräsentativen Eingang ist das Haus in Osberghausen geschmückt. Besonderheiten sind die geschmiedeten Bänke links und rechts an der Treppe.

Typische Elemente der Fachwerkhäuser, die in der 1. Hälfte des 19. Jahrhunderts gebaut worden sind, zeigt das Haus in Wiehl-Kehlinghausen: Mitteleingang mit Gebälkstück und Krüppelwalmdach

Die gleichen Merkmale zeigt auch das Haus in Wiehl-Siefen, das der Mitte des 19. Jahrhunderts entstammt (u.)

originalem Türblatt und seitlichen Fenstern ist über eine Freitreppe erreichbar. Etwas untypisch ist das seitliche Dachhaus mit Ladeluke.

Aus der Mitte des 19. Jahrhunderts stammt das zweigeschossige, über hohem Sockel fünfachsige Fachwerkhaus Bielsteiner Str. 5 in Wiehl-Kehlinghausen. Teilweise mit Eternit verkleidet und verbrettert, hat es zwei traufseitige Eingänge. Neben dem Krüppelwalmdach gehören die Freitreppe des Vordereingangs und dessen stark plastisches, hölzernes Gebälkstück mit Zahnschnitt zu den typischen Gestaltungsmerkmalen der Zeit. Eine sehr schöne Zierverschieferung besitzt Remperg Nr. 19 in Wiehl. Das zweigeschossige, verschieferte Haus mit Krüppelwalmdach und fünf Fensterachsen wurde ebenfalls in der Mitte des 19. Jahrhunderts errichtet. Über hohem Sockel ist der Mitteleingang durch eine Freitreppe zugänglich.

Lindenstraße 13 in Wiehl-Siefen hat die für die Region typischen, durch zwei Riegel versteiften Geschosse. In der Mitte des 19. Jahrhunderts gebaut, gehören zu ihm selbstverständlich Krüppelwalmdach und Mitteleingang, der allerdings erneuert wurde.

Vergleichbare Gestaltungsmerkmale zeigt auch Nümbrecht-Drinsahl Nr. 4.

Der „Lambacher Hof" in Gummersbach-Strombach, Lambachweg 2 ist ein zweigeschossiges Fachwerkhaus mit einem freiliegenden Kellergeschoß aus geschlämmten Bruchstein. Die rückwärtige Traufseite, die zugleich Eingangsseite ist, und eine Giebelseite sind verschiefert. Der rückseitige Mitteleingang hat ein hölzernes Gebälkstück über dem Sturz, ein giebelseitiger Eingang ein offensichtlich wiederverwandtes Barocktürblatt. Auch hier ist eine Entstehungszeit kurz vor der Mitte des 19. Jahrhunderts anzunehmen.

Seit der 1. Hälfte des 19. Jahrhunderts wurden im Morsbacher Bereich verstärkt Häuser aus riegellosem Fachwerk errichtet. Mit wenigen Ausnahmen findet sich diese Art der Konstruktion nur hier, die Gründe dafür sind nicht genau zu definieren. Trotz Zugehörigkeit zum Herzogtum Berg und zur saynischen Herrschaft Homburg nimmt Morsbach eine Sonderstellung ein. Im Gegensatz zur Umgebung blieb die Bevölkerung katholisch, und der gesprochene Dialekt verrät Anklänge an das Moselfränkische. Wirtschaftliche Beziehungen bestanden zum Siegerland, wo allerdings etwas früher aufgrund von Holzsparverordnungen riegelloses Fachwerk anzutreffen ist. In der näheren Umgebung wurde Morsbach gerne als „Republik" bezeichnet, und es galt lange als Armenhaus des Kreises.

Die Häuser Rossenbach Nr. 1 und 2 bieten das typische „Sparfachwerk" – wie man diese Art der Konstruktion auch bezeichnet – der Morsbacher Region. Die Ständerstellung ist eng, Schräghölzer (Streben) finden sich nur an den Gebäudeecken. Der traufseitige Eingang mit seitlichen Fenstern von Nr. 1 jedoch ist ein typisch „bergisches" Gestaltungselement. Zu diesen Bauten gehört auch Morsbach-Birken Nr. 8, das etwas später als die Häuser in Rossenbach, kurz nach der Mitte des 19. Jahrhunderts, gebaut wurde.

Als ein Beispiel für eine riegellose Fachwerkkonstruktion außerhalb Morsbachs aber inschriftlich datiert ist Dorfstraße 9 in Reichshof-Hespert. In Hespert, Hardt und Tillkausen, alle drei Orte liegen nahe der westfälischen Grenze, wurde ebenfalls seit 1800 diese Form des Fachwerkes verwandt. Das 1806 gebaute Haus ist teilweise verbrettert und hat an der Giebelseite einen kleinen Wirtschaftsanbau. Außerhalb dieser Einflußbereiche entstand ein Fachwerkhaus dieser Konstruktion auch in Gummersbach-Derschlag.

Fachwerk und Bruchsteinsockel kennzeichnen das Haus in Nümbrecht-Drinsahl

Der schön gestaltete Eingang in Zopfstilformen schmückt das Haus an der Morsbacher Straße in Reichshof-Denklingen

Besonderheiten im Süden des Oberbergischen Landes sind Häuser in riegelloser Fachwerkbauweise – sogenanntes Sparfachwerk: Dieses Haus steht in Morsbach-Rossenbach. Gezeigt werden Seiten- und Giebelansicht

Das Haus aus Sparfachwerk in Gummersbach-Derschlag ist ein Einzelfall in dieser Region

Das Haus aus Sparfachwerk in Morsbach-Birken hat leider durch vergrößerte Fenster sein ursprüngliches Bild eingebüßt

Backhäuser - Haferkästen - Steengaden

1755 wurde in der Grafschaft Mark eine Verordnung erlassen, die aus Sicherheitsgründen das Backen im Hause verbot. Man ging dazu über, spezielle massive Bauten zu errichten, die von 2-4 Nachbarn genutzt werden konnten. Über einen Vorraum von 5x4 m Grundfläche, in dem auch Geräte abgestellt werden konnten, kam man in den Ofenteil.

Der Backofen aus Lehm von 3x2 m Grundfläche, höherliegend, zeichnete sich außen als Anbau ab. Der Raum darunter wurde oft entweder als Schaf- oder Schweinestall genutzt. Aber nicht nur im Märkischen, auch in anderen Landesteilen wurde das Brotbacken gemeinschaftlich im Backhaus oder „Backes" vorgenommen.

Aus Bruchsteinmauerwerk und wahrscheinlich erst im 19. Jahrhundert errichtet ist der Backes in Reichshof-Löffelsterz, zum Haus Im Esch 5 gehörend.

Durch ein neues Schild ist das Backhaus Spicherstraße in Reichshof-Oberagger 1624 datiert. Es ist damit ein Beispiel für ältere Traditionen. Am Hang liegend, ist es aus Bruchstein mit Satteldach und Fachwerkgiebel. Der Ofen ist rechtwinklig als Anbau angefügt.

Die als Haferkästen bezeichneten Kornspeicher sind in ihrer Ausbreitung auf das Grenzgebiet zwischen dem ehemaligen Herzogtum Berg und der Grafschaft Mark beschränkt. Es galt, die Hafer- und Kornsaat vor den häufig auftretenden Hofbränden sicher aufzubewahren und zu schützen. Ihr Obergeschoß diente gleichzeitig der Aufbewahrung von Räucherwaren, Flachs oder Wertgegenständen.

Sie standen von unten belüftet frei auf Steinblöcken, ihr Inhalt wurde so vor Mäusen und aufsteigender Feuchtigkeit bewahrt. Erstaunlicherweise haben einige der durchweg aus dem 17. Jahrhundert stammenden Holzspeicher bis heute fast unverändert überdauert, zuletzt als Bienenhäuser oder Kleinviehställe genutzt.

Ein anschauliches Beispiel für diesen Bautyp ist der Haferkasten in Radevormwald-Filde, bei Haus Nr. 11. Durch eine Inschrift ist er 1648 datiert. Das Obergeschoß des aus Holzbohlen konstruierten Gebäudes ist seit seiner Renovierung wieder durch eine Holztreppe zu erreichen. Die beiden Türen besitzen noch ihre originalen Eisenbeschläge, die Wetterseite schützen zusätzlich aufgebrachte Holzschindeln.

Der fast aus der gleichen Zeit stammende Haferkasten von Radevormwald-Funkenhausen wurde neu auf einen Backsteinsockel gestellt. Einige Balken sind ausgewechselt. Die Wetterseite ist mit Holzschindeln in Biberschwanzform verkleidet, Türblätter und Beschläge gleichen denen in Filde.

Etwas früher entstand der Haferkasten in Hückeswagen-Kirschsiepen. Als Entstehungszeit nennt die angebrachte Jahreszahl 1620. Er gleicht den beiden bereits genannten und wurde ebenfalls an der Wetterseite durch Holzschindeln geschützt.

Der Name Gaden soll bereits in karolingischer Zeit für einräumige Speicher oder Wohngebäude gebräuchlich gewesen sein. Die ältesten bekannten Wehrspeicher stammen aus dem 15. Jahrhundert. Ihre Ausbreitung beschränkte sich – interessanterweise wie die der Haferkästen – auf das bergisch märkische Grenzgebiet. Typologisch sind sie mit den Berfes genannten, wasserumwehrten Speichern des Niederrheins verwandt.

Steengaden hießen die massiven Getreidespeicher, Vorratsräume und Speckkammern größerer Höfe, die auch Verteidigungszwecken dienen konnten. Nach und nach erfolgte ihre Integration in angefügte Wohnhäuser, es wurden Wohnräume, meist für das Altenteil, hier untergebracht. Das Pfarrhaus in Hückeswagen, Islandstraße, ist ein anschauliches Beispiel für diesen Prozeß, ebenso wie Haus und Steengaden in Hückeswagen-Elberhausen.

Die Steengaden waren ursprünglich über quadratischem Grundriß mehrgeschossig und oft mit einem Gewölbekeller versehen. Der Beleuchtung und Belüftung dienten wenige, oft vergitterte Luken.

Der nachbarschaftlichen Bäckerei dienten die Backhäuser in den oberbergischen Dörfern:
„Backese" in Reichshof-Oberagger (o.) und Reichshof-Löffelsterz

Im Jahr 1777 gebaut: Das Backhaus in Lindlar-Remshagen mit Inschriftplatte im Mauerwerk

Haferkästen in Radevormwald-Funkenhausen (o.) und Radevormwald-Filde aus dem Jahr 1648

Der Haferkasten in Hückeswagen-Kirschsiepen (o.) stammt aus dem Jahr 1620.

Das Pfarrhaus der Paulusgemeinde in Hückeswagen schließt unmittelbar an einen alten Steengaden an. (Siehe auch Seite 24).

Der „Steinerne Springer“

Der „Steinerne Springer“ in Rebbelroth, Kleffstraße 7, ist eine Quelle mit wahrscheinlich noch mittelalterlicher Steinfassung. Ein Dokument von 1780 berichtet über einen Prozeß, der über die Nutzung dieser Quelle geführt wurde. Die Quelle gehörte zu einem „Steinen Haus“. Der Besitzer dieses Hauses untersagte den Bewohnern Rebbelroths die Benutzung seines Brunnens, was sie bis dahin als Gewohnheitsrecht angesehen hatten. Die Bewohner verklagten den Besitzer Herrn v. Zimmermann, es kam zunächst 1754 zu einem Vergleich.

Kurz danach erfolgte erneut die Sperrung, was einen langen Prozeß vor dem Reichskammergericht in Wetzlar auslöste. Der Prozeß endete schließlich zugunsten der Rebbelrother Bevölkerung und endete mit einem 1780 abgeschlossenen „Vereinigungs-Contract und Vergleich wegen des Steinen Springers“. Damit waren die Verhältnisse für spätere Zeiten festgelegt.

Die Nutzung der drei Becken wurde dabei genau geregelt: Das Quellbecken I muß saubergehalten werden, denn es dient als Trink- und Kochwasser. Ein Überlauf führt zum Becken II, darin Gemüse gereinigt werden soll, jedoch keine Schlachtabfälle, Eingeweide oder Kinderwindeln. Dafür steht das Becken III bereit, in dem auch Vieh getränkt wird. Der Kontrakt galt bis ins 20. Jahrhundert.

Der „Steinerne Springer“ in Gummersbach-Rebbelroth mit dem dazugehörigen Fachwerkhaus

Vom Wohnen in Reih' und Glied

Wohn- oder Kleinhaussiedlungen haben innerhalb der Architekturgeschichte des Kreises nur eine untergeordnete Rolle gespielt. Verglichen mit Städten wie z.B. Köln oder den Industriezentren an der Ruhr und am Niederrhein blieb es bei kleinen Anlagen oder nur Hausgruppen.

Die Ursache liegt einmal im Bevölkerungsreichtum des Landes, der den Zuzug z. B. unselbständiger Landarbeiter für die wachsende Industrialisierung nicht notwendig werden ließ. Hinderlich war auch die Kleinteiligkeit der Besitzverhältnisse, die den Ankauf größerer, überplanbarer Areale sehr erschwerte.

Der Wohnungsbau für Arbeiter als eine Form des Siedlungsbaues, wie er seit 1840 von den Unternehmen betrieben wurde, hatte sich aus einer feudalen Tradition heraus entwickelt. Der Grundherr – wie später der Fabrikant – hatte eine Fürsorgepflicht, die auch die Versorgung des von ihm Abhängigen mit Wohnraum umfaßte. Diese Abhängigkeit war unmittelbar, bei Auflösung des Arbeitsvertrages mußte die Wohnung sofort verlassen werden.

Die als Institutionen genossenschaftlicher Selbsthilfe sich herausbildenden Wohnungsbaugenossenschaften verfolgten dagegen das Ziel, ihren Mitgliedern arbeitsplatzunabhängige Unterkünfte zu verschaffen. Sie konnten gegen Ende des 19. Jahrhunderts an Gewicht gewinnen, als vor allem die rechtlichen Voraussetzungen (z. B. statt der unbeschränkten die beschränkte Haftung, die Verwendung der Rücklagen von Renten- und Invaliditätsversicherungen als Kredite für den Wohnungsbau) geschaffen waren. Jedoch waren auch für diese Mitgliedschaft der sichere Arbeitsplatz und das regelmäßige Einkommen Voraussetzung, d.h. eine bestimmte soziale Stellung des Reflektanten konnte nicht unterschritten werden. Ergänzt wurden beide Programme durch die Wohnbautätigkeit von gemeinnützigen Stiftungen und Bauspekulanten.

Nach dem I. Weltkrieg, der große Armut und Wohnungsnot zur Folge hatte, wurde den Kommunen per Gesetz weitreichende Verantwortung für die Wohnungsversorgung übertragen, sie hatten im umfassenderen Maß als bisher für die Unterbringung Wohnungsloser zu sorgen.

Wohnungszwangswirtschaft und die Hauszinssteuer, eine Art Ergänzungsabgabe auf die eingefrorenen Vorkriegsmieten, die zweckgebunden für den Wohnungsbau eingesetzt werden mußte, boten dem Staat die Möglichkeit, regulierend in die Wohnungsversorgung einzugreifen. Die Folge war eine umfangreiche Bautätigkeit, die kurz nach 1930 aufgrund der Weltwirtschaftskrise stark zurückging. Da die Hauszinssteuermittel nur an Kommunen und gemeinnützige Organisationen vergeben wurden, ging der Wohnungsbau der Unternehmer stark zurück. Oft brachten diese ihre dafür vorgesehenen Mittel in einer Baugenossenschaft unter, erhielten dafür anteilig Belegungsrechte für neuerrichtete Wohnungen.

Bezüglich der architektonischen Gestaltung des Einzelbaus und des städtebaulichen Entwurfes sind mehrere Entwicklungsstufen anschaulich geblieben. Waren die Kleinhaussiedlungen oder auch die Anlagen mit Mehrfamilienhäusern zuerst allenfalls eine Aufgabe für den Ingenieur oder nachgeordneten Baumeister, wurden die Bauten einfach gereiht entlang einer Straße oder eines Systems rechtwinklig sich kreuzender Straßen errichtet, änderte sich das gegen Ende des 19. Jahrhunderts. Waren die Vorbilder für die ersten Siedlungshäuser die Kotten der Landarbeiter, änderte sich das Bild der Siedlungen unter Einfluß englischer Vorbilder. Englische Anlagen (z. B. Port Sunlight bei Liverpool), oft geprägt durch sozialutopische Vorstellungen, wurden kopiert. Zierfachwerk, gegliederte Dächer und Hauskörper werden zu einer im englischen Sinne malerischen, ländlichen Gestaltung eingesetzt, die Häuser an gebogenen, gewundenen Straße aufgestellt. Daraus entwickeln sich zu Beginn des 20. Jahrhunderts die großen stadtbaukünstlerischen Anlagen, wie sie auch z. B. in Projekten der Gartenstadtbewegung realisiert wurden.

Wandlungen waren auch die Wohnungsgrundrisse unterworfen. Die Anordnung der WCs im Wohnungsverbund, das Einschieben eines Flurs zur Vermeidung gefangener Räume, die Trennung von Küche (meist der größte Raum der Wohnung) und Spülküche als Vorform des Badezimmers sind Beispiele für diese Veränderungen. War das Gelände zwischen den Häusern allgemein nutzbar und ungestaltet gewesen, erkannten vor allem die Unternehmer recht bald, daß als Ansiedlungsreiz für die meist aus ländlichen Gebieten Zugezogenen der eigengenutzte Garten dienen konnte. Die Hausgärten, Wohlfahrtsparks, Straßenbäume, Vorgärten, Grüninseln wurden mehr und mehr fester Bestandteil der Siedlungen.

An diesen Entwicklungen hatte der Oberbergische Kreis nur am Rande teil. Die relativ kleinen Anlagen boten nicht die Möglichkeit, städtebauliche Vorstellungen zu realisieren. Es fehlten die großen Unternehmen der Eisen- und Stahlindustrie mit ihren vergleichsweise höheren Löhnen und damit einem höheren Lebensstandard. So wurden z. B. erst in den dreißiger und fünziger Jahren die Arbeiterwohnungen an der Wupperschleife mit WC's innerhalb der Häuser ausgestattet, ursprünglich lagen diese in langgestreckten, eingeschossigen Anbauten an den Giebelseiten. Hausgärten gibt es nur wenige, Vorgärten, Straßengrün fehlen meist. Das ist nicht auf das Unvermögen der Planer zurückzuführen, sondern Ausdruck der historischen und wirtschaftlichen Situation.

Die Siedlung „Zur Aggerhalle"

Die Siedlung Zur Aggerhalle in Gummersbach-Dieringhausen wurde in drei Bauabschnitten Ende des 19. Jahrhunderts, um 1910 und um 1920 errichtet. Sie hat in ihrer Mitte einen rechteckigen, grasbewachsenen Platz, eine Schule ist Teil der Anlage.

Das älteste Gebäude ist ein eingeschossiges, verputztes Reihenhaus für acht Parteien. Der auf der Rückseite besonders hohe Bruchsteinsockel läßt Kellerfenster und Eingänge frei, flache Lisenen trennen die Hauseinheiten. Jeder Hausteil hat ein seitliches Treppenhaus und zwei hintereinanderliegende Räume im Erdgeschoß. Das Raumangebot wird ergänzt durch zwei Dachkammern. Separate Wirtschaftsgebäude mit WC und Stall sind nicht vorhanden, könnten aber ehemals jenseits des verbindenden Wirtschaftsweges gelegen haben. Altertümlich ist die einfache Reihung und die geringe Größe der Bauten.
Die drei um 1910 errichteten Vierfachhäuser entsprechen viel mehr den überregional gebräuchlichen Hausformen und der entsprechenden architektonischen Gestaltung. Symmetrisch flankieren zwei Bauten mit stark plastischen, seitlichen, mansarddachgedeckten Risaliten einen Mittelbau und nehmen damit die Form des Platzes auf. Die weit herabgeschleppten Mansarddächer der ein- bis zweigeschossigen, verputzten Bauten mit ihren Bruchsteinsockeln gliedern zusammen mit den Eingangsvorbauten unter den Pultdächern die Baukörper und verleihen ihnen ein ländlich malerisches Aussehen. Unmittelbar an der Rückseite angebaut sind die WC und Stallbauten, an denen der verbindende Wirtschaftsweg vorbeiführt.

Die durch die Risalite der beiden Endbauten vorweggenommene Rahmung des Platzes wird durch den um 1920 errichteten Zweiflügelbau weitergeführt. Er enthält abweichend vom Bauprogramm Geschoßwohnungen. Der über Bruchsteinsockel zweigeschossige, verputzte Komplex hat drei Doppeleingänge. Platzseitig wird durch das Sohlbankgesims im Obergeschoß die durch die Geschoßhöhen vorgegebene Gliederung verschliffen. Rückseitig führen zusätzliche Eingänge in den Keller. Durch die Eingangsvorbauten wird das Mehrfamilienhaus der Nachbarbebauung angeglichen.

Heutiger Eigentümer der Siedlung ist der Bauverein Dieringhausen.

Die Siedlung „Hagener Straße"

Eine typische Häusergruppe unternehmerischer Wohnbautätigkeit liegt an der Hagener Straße in Gummersbach-Dümmlinghausen. Die um 1900 errichteten Wohnhäuser aus Ziegelmauerwerk, Nr. 10-24, sind verglichen mit dem ältesten Bau in Dieringhausen sehr viel aufwendiger gestaltet. Die vier mittleren Fensterachsen der zweigeschossigen Bauten werden von

Einst zeitgemäßer Ausdruck moderner Sozialpolitik: Siedlung „Zur Aggerhalle" in Dieringhausen
Zu sehen sind Häuser des II. Bauabschnitts (o.) und ein Zweiflügelbau des III. Bauabschnitts

einem Giebel überfangen. Die Wohnungseingänge liegen an den Giebelseiten, zusätzliche Kellereingänge führen von der Straße aus in den Bruchsteinsockel. Gesimse mit hochkant vermauerten Backsteinen, durch hellere Ziegellagen angedeutete Eckquaderungen, Blendrahmen über den stichbogigen Fenstern gehören zu den qualitätvollen Details. Stallbauten sind entweder angebaut oder liegen separat. Jedem Treppenhaus der Doppelhäuser war pro Geschoß eine Wohnung zugeordnet. Sogar die unterschiedliche Stellung im Werk wurde berücksichtigt: Im Haus Nr. 10/12 wurden größere Wohnungen untergebracht, es hat eine größere Haustiefe und abweichend von den anderen eine dreiachsige Giebelseite.

Der „Wohnhof Körnerstraße"

Im Auftrag des im Jahr 1910 gegründeten Beamtenwohnungsvereins wurde der Wohnhof an der Körnerstraße in Gummersbach zwischen 1920 und 1922 in drei Bauabschnitten errichtet. Die Pläne stammen von Heinrich Kiefer, der die Stadtbaugeschichte maßgeblich prägte und auch im weiteren Umkreis viele Bauten entworfen hat. Sieben Einfamilienreihenhäuser und sechs Hausteile mit Geschoßwohnungen sind einer übergreifend einheitlich gestalteten Anlage integriert.

1920 wurde der Bau von vier Häusern und sechs Wohnungen des Bauabschnitts A beantragt. Das Ziel des Beamtenwohnungsvereins war, in diesem Jahr zur Behebung der Wohnungsnot unter Bewilligung von Reichs- und Gemeindedarlehen insgesamt 18 Wohnungen zu errichten. Die Anträge für den Bauabschnitt B mit ebenfalls vier Häusern und sechs Wohnungen wurden auch tatsächlich noch im gleichen Jahr gestellt - 1922 folgte der Bauabschnitt C mit 5 Häusern und sieben Wohnungen.

Anläßlich der Rohbauabnahme im Dezember 1923 bat der Verein um Erlaß der ausstehenden Gebühren - wegen des Sturzes der „Papiermark". Im Jahr der Inflation und ihrer Beendigung war der Gegenwert für einen US-Dollar im Januar 18000, im September 98,9 Millionen Papiermark gewesen. Nach der Stabilisierung der Währung, der Einführung der Rentenmark am 15.11.1923 hatte der Beamtenwohnungsverein alle seine Vermögensbestände wie Genossenschaftsanteile und Reservefonds verloren, die eingehenden Mieten reichten nur für die notwendigsten Reparaturen. Mit öffentlicher Unterstützung wurde der restliche Ausbau jedoch fertiggestellt.

Die Lage auf einem Bergsporn innerhalb des durch Täler und Erhebungen aufgegliederten Stadtgebietes wird durch die Gestaltung des dreiflügeligen Komplexes eindrucksvoll gelöst, eine Gummersbacher Lösung, entsprechend dem durch die Neuverteilung der Kompetenzen stark regional geprägten Wohnungsbau der Weimarer Republik. Die meisten der Kommunen und Städte übten starken Einfluß auf die neuen Wohnbauprojekte aus, ihre Stadtplanungsämter nutzten die Gelegenheit, randstädtische Bereiche durch sie abzurunden und zu einem einheitlichen Stadtbild zu gelangen. So werden auch hier durch eine geschickte und qualitätvolle Gliederung der Bauten, der gestaffelten Dachlandschaft, der Anordnung am Rande der Erhebung die Schwierigkeiten der topographischen Gegebenheiten gestalterisch einbezogen und die Anlage dem gesamten Stadtbild integriert. Bestandteil sind die Vorgärten mit ihren Einfriedungen und der baumbestandene Platz, dessen Gestaltung die Bauanträge genau wiedergeben, heute durch Ausweisung von Parkraum nur noch teilweise nachvollziehbar. Zu jeder Wohnung sollte ursprünglich ein Gartengrundstück zwischen 90 und maximal 200 qm gehören.

Das Kellermauerwerk der ein- bis zweigeschossigen Bauten ist aus Bruchstein, die Umfassungs- und Zwischenwände sind aus Ziegeln, außen verputzt. Die Walm- und Mansarddächer sollten mit roten Hohlziegeln gedeckt werden. Schmückende Teile sind auch die Eingänge mit Oberlichtern und einem seitlichen Fenster und Rundbogenfeldern über einigen Erdgeschoßfenstern.

Die Geschoßwohnungen des ersten Bauabschnittes hatten drei Zimmer, das kleinste davon gefangen und in den Plänen als „Stube" bezeichnet, eine große Wohnküche, teilweise Badezimmer, WC. Die Einfamilienhäuser hatten im Erdgeschoß die große Wohnküche, davon abgetrennt eine Badenische, Speisekammer und ein Schlafzimmer, im Dachgeschoß zwei Schlafzimmer, WC und eine Kammer.

Zweckmäßigkeit und gute Proportionen prägen den „Wohnhof" an der Körnerstraße in Gummersbach (o.).

Werkswohnungsbau: Die aus Ziegelstein gemauerten Häuser der Siedlung an der Hagener Straße in Gummersbach-Dümmlinghausen (r.)

Interessant ist, daß die Zuordnung „Wohnzimmer“ in den Plänen nicht auftaucht. Üblich war in dieser Zeit auch für Wohnungen der Mittelschicht die große Wohnküche als allgemeiner Wohnraum und mehrere, fast gleich große Zimmer für unterschiedliche Nutzungen, meist als Schlafzimmer für die zu dieser Zeit noch großen Familien.

Die Bauten des zweiten Bauabschnittes sind vergleichbar aufgegliedert. Im dritten Bauabschnitt tritt in den Plänen eine Änderung auf. Es finden sich ausschließlich die von der Küche abgetrennten „Spülküchen“ für alle wasserabhängigen Tätigkeiten im Haus.

Der Wohnstandard sollte damit einfacher aussehen. Die Aufteilung hatte sich zu Beginn des 20. Jahrhunderts herausgebildet, Spülküchen waren Naßräume, die, mit einem Moniertrog versehen, dem Wäschewaschen wie dem Baden dienten. In späterer Zeit bot sich dann die Möglichkeit, hier das geforderte Badezimmer einzurichten ohne das Raumgefüge allzu sehr verändern zu müssen.

Grund für diese Vereinfachung waren einmal die sozialen Verhältnisse, aber auch die Bedingungen, die mit der staatlichen Förderung verknüpft waren. Aus der herrschenden Not heraus konnten nur Wohnungen von festgelegter Mindestgröße unter Vermeidung „unnötiger“ Räume gefördert werden, wozu oft das noch immer als Luxus angesehene Bad oder der Flur gehörten. Auch Balkone oder Terrassen waren einem gehobenen Wohnstandard vorbehalten und wurden erst in der jüngsten Vergangenheit nach dem II. Weltkrieg zur Norm.

Aus der Welt der Arbeit

Das Bergische Land gehört zu den sehr alten Industriegebieten mit wechselvoller Geschichte. Industrieanlagen haben an vielen Orten seine Siedlungsstruktur bestimmt, vor allem in den Flußtälern. Wasserhämmer, Werksanlagen, Fabrikantenvillen, Arbeitersiedlungen sind bauliche Zeugen dieser Vergangenheit, bedeutende Unternehmen nahmen hier ihren Anfang.

Der Bergbau

Mit dem Jahr 1167 wird der Bergbau des Kreisgebietes erstmalig urkundlich erwähnt. Kaiser Friedrich Barbarossa schenkte seinem Kanzler Rainald von Dassel den Reichshof Eckenhagen mit zugehörigen Höfen, der Gerichtsbarkeit, dazu auch den Silbergruben Wildberg und Heidberg: Die Existenz der genannten Gruben soll jedoch in das 1. Jahrhundert zurückgehen. Im Bereich des ehemaligen Bergwerkes Bliesenbach bei Engelskirchen-Loope fand ein ehemaliger Bergmann Ende des 19. Jahrhunderts etliche Gerätschaften, die erst Anfang 1990 nach einer langen Irrfahrt im Bergbaumuseum in Bochum präzise datiert wurden. Das Holz einer Schaufel zum Beispiel entstammte einem um 1250 gefällten Baum. Die Montanarchäologen schließen daraus, daß die Grube Bliesenbach bereits im Mittelalter im Betrieb war.

1311 ist ein Schiedsspruch überliefert, der den Streit zwischen den Grafen von Sayn und den Grafen von Berg bezüglich der Hoheitsrechte im Kirchspiel Morsbach regelt. In diesem wird der Zehnt des Kupferbergwerkes Böcklingen dem Grafen von Berg zugesprochen. Neben dem Silberbergbau ist damit auch der Abbau von Kupfer überliefert.

Insgesamt wurden im Mittelalter Eisen, Blei, Kupfer, Zink, seltener Kohle und Silber abgebaut. Das Bergregal war ein Privileg des Kaisers (Eckenhagen bildete da eine Ausnahme), das jedoch 1356 durch die „Goldene Bulle" auch den Kurfürsten eingeräumt wurde und seit Beginn des 15. Jahrhunderts nach und nach von den Reichsständen erworben wurde. Der Herzog von Berg wurde 1437 Besitzer des Bergregals.

Am 24. 4. 1542 erfolgte die Verabschiedung der ersten Bergordnung für den Bereich des Herzogtums Jülich-Kleve-Mark, am 25. 1. 1570 in ähnlicher Form für die Herrschaft Homburg. Zentren mittelalterlichen Bergbaus waren neben Eckenhagen, Morsbach und Wipperfürth, wo Kupfer und Blei abgebaut wurde – ein Bürger Johann Grayss hatte z. B. das Abbaurecht für Kupfer erworben – oder die Erzgruben bei Engelskirchen-Kaltenbach, wo schon seit dem 13. Jahrhundert abgebaut wurde. Dazu gab es den Abbau von Brauneisenstein in Remerscheid, Wallefeld und Rodt.

Ursprünglich bauten die ersten Bergleute im Tagebau ab, später über ein Netz von Stollen, die, mit entsprechendem Gefälle tonnlägig vorgetrieben, das anfallende Grundwasser ableiten konnten (es wurde unter bestimmten Umständen auch mit dem Lederbeutel abgeschöpft). Mittels Feuersetzen wurde das Gestein gesprengt. Die entstehenden, nicht unerheblichen Kosten verlangten den genossenschaftlichen Zusammenschluß der Betreiber, die dann auch z. B. die abgebauten Erze gemeinsam verhütteten.

Bis zum Beginn des dreißigjährigen Krieges weitete sich der Bergbau im Oberbergischen stetig aus um danach stark zurückzugehen. Zu Beginn des 18. Jahrhunderts erholte er sich wieder, unterstützt durch technische Neuerungen wie z. B. wasserbetriebene Saugpumpen für die Wasserhaltung. Jedoch waren um 1800, wie in anderen Mittelgebirgs-Bergrevieren, die mit den technischen Mitteln der Zeit erreichbaren Vorkommen erschöpft. Der Bergbau ging erneut zurück.

Ab 1850 kauften Unternehmen des Ruhrgebietes wie Krupp, Gutehoffnungshütte, Phönix AG Dortmund Hörde zur Sicherung ihrer Hüttenbetriebe noch vorhandene Gruben auf und intensivierten deren Abbau. Die Gruben in Kaltenbach förderten gegen Ende des 19. Jahrhunderts fast 30 000 Jahrestonnen Erz. Die schwierigen Transportbedingungen und der sehr späte Anschluß an das Eisenbahnnetz machten den Abbau unrentabel. Um 1910/11 wurde in den meisten Betrieben die Arbeit eingestellt.

Nur wenige Anlagen und Baulichkeiten des oberbergischen Bergbaus blieben erhalten. Sie lassen den für die Industriegeschichte der Region so wesentlichen Bereich anschaulich werden.

Der Ort Kastor in der Gemeinde Engelskirchen entstand im Bereich eines Erzbergwerkes, das bis 1806 förderte und 1853 nochmals eröffnet wurde. Bis 1906 wurden Zink-, Blei- und Kupferblende gefördert. 1883 arbeiteten hier über 400 Männer. An den Bergbau erinnert neben der Siedlungsstruktur noch die Hundebrücke über den alten Lauf der Agger. Sie wurde nach Wiedereröffnung der Produktion um 1860 errichtet und 1950 erneuert.

Das Stollenmundloch des „Tiefen Magdalena Stollens", der zur Grube Magdalena in Morsbach gehörte, ist im Keilstein des Bogens 1890 datiert. 1872 hatte Krupp die Grube erworben und in der Folgezeit ausgebaut. 1908 waren hier 123 Arbeiter beschäftigt, die Braun- und Roteisenstein förderten. Am 21. 9. 1912 wurde jedoch der Betrieb eingestellt.

Von den Gruben „Georg" und „Sonne" in Morsbach-Holpe blieben noch einige obertägige Anlagen erhalten. Die Einzelgruben waren 1884 stillgelegt worden. Im Eigentum der Stahlwerke Duisburg-Meiderich nahmen sie 1916 den Betrieb wieder auf. Es wurden Eisenspat und Brauneisenstein gefördert und in drei Röstöfen aufbereitet. Ein Schmalspur-Eisenbahnanschluß führte zum Bahnhof Volperhausen. 1926 erfolgte die Stillegung, nachdem 1925 noch rund 230 Arbeiter tätig waren.

Der Ort Kaltenbach bei Ründeroth geht in seiner Siedlungsstruktur auf den intensiv betriebenen Bergbau und die Verhüttung des Eisenerzes zurück. Es finden sich Ruinenreste der 1752 erbauten Schmelzhütte, der Obergräben und die Trassen für die Wasserkunst (Wasserhaltung), Pingenfelder und Schlackenhalden.

Als sogenanntes „Obersteigerhaus" zeigt das Gebäude im Schimmelhau die Bedeutung des alten Bergbaustandortes. Das aus der 2. Hälfte des 18. Jahrhunderts stammende Gebäude mit Mansarddach und Seitenflügel könnte dem Umbau eines älteren Baues entstammen. Besonders eindrucksvoll ist das Mittelportal mit vorliegender Freitreppe gestaltet, bekrönt von einem Volutengiebel. Die geschweiften Zierstile unter den Fenstern entsprechen den im Ründerother Bereich üblichen Gestaltungselementen. Über dem Eingang eine leicht schadhafte Inschrift:

WIE GOTT MICH FUHRT SO GEB ICH MICH IN SEINEM GUTEN WILLEN ICH ....DERVE ...NET GLE...

Über dem rückwärtigen Eingang eine weitere Inschrift:

MEIN GLUCK BERUHT O GOTT AUF DEINEM SEGEN VERTRAU ICH DIR UND GEH AUF DEINEN WEGEN WO WIRST DU MIR ...

Hütten und Hämmer

Mit der Entwicklung des Bergbaus eng verbunden ist die Verhüttung. Bis ins Spätmittelalter verarbeitete man das geförderte Metall unmittelbar am Ort der Förderung, oft durch die gleichen Betreiber in sogenannten Rennfeueröfen. Die Standortbedingungen waren günstig, neben den Erzlagern waren Wasser und genug Wald zur Herstellung von Holzkohle vorhanden. In den rund ein Meter hohen Öfen wurde aus einem Gemisch von Erz und Holzkohle ein Metallstück geschmolzen, dem man grob zerschlagen größere Schlackenstücke entfernte. Erneut erhitzt und zusammengeschmolzen, wurde das Metall anschließend so lange gehämmert, bis alle Schlacke herausgetrieben war. Mit der Einführung des wassergetriebenen Gebläses im 14./15. Jahrhundert und der damit verbundenen Möglichkeit, höhere Temperaturen zu erzeugen, konnte die Produktion gesteigert, ebenso das Volumen der Öfen vergrößert, 600-900 kg geschmolzenes Eisen täglich gewonnen werden. Die Herstellungskosten eines solchen Stückofens waren hoch, nur Adelige oder reiche Bürger waren in der Lage, ihn zu betreiben. Hoher Wasserbedarf und die Ausnutzung eines entsprechenden Gefälles führte zur Verlagerung der Anlagen an die bisher von der Besiedlung gemiedenen Flußtäler. An Agger, Wiehl, Leppe entstanden Hüttenwerke und in ihrem

Das Obersteigerhaus in Engelskirchen-Kaltenbach ist ein beeindruckendes Zeugnis der alten Bergbauherrlichkeit des kleinen Ortes, dessen Erzlager weithin berühmt waren

Ebenfalls an den Bergbau erinnert die alte „Hundebrücke" über die Agger, die 1860 für Erztransporte über den Fluß gespannt und 1950 erneuert wurde

Gefolge die Hammerwerke. 1470 ist einer dieser Stücköfen in Ründeroth urkundlich belegt.

Das Oberbergische Land gewann als Zentrum der Eisenverhüttung und damit verbunden der Metallindustrie an Bedeutung. Nach Stagnation infolge des dreißigjährigen Krieges erlebte die Hütten- und Metallindustrie ebenso wie der Bergbau einen erneuten Aufschwung. Bedeutende Persönlichkeiten schufen Unternehmen, deren Namen bis in die jüngste Vergangenheit bekannt waren.

Um 1800 muß man sich die holzkohlebetriebenen Schmelzhütten des Ründeroth-Kaltenbacher Reviers aus Grauwacke gemauert mit einer Höhe von ca. 10 m vorstellen, betreut von 6-10 Hüttenleuten.

Um 1850 waren sie bereits 14 Meter hoch und brachten eine tägliche Schmelzleistung von ca. 7 Tonnen.

Mit dem Aufkommen der Verhüttung mit Steinkohlekoks, der im Oberbergischen Land erst herangeschafft werden mußte, ließ die Rentabilität der bestehenden Anlagen nach. Die Eisenverhüttung wanderte ab ins Ruhrgebiet mit seinen ausreichenden Steinkohlevorkommen.

Seit dem Mittelalter hatten die zahlreichen Hütten ebenso zahlreiche, meist naheliegende Hämmer beliefert. 1513 wird ein Eisenhammer erstmalig urkundlich für Vollmerhausen überliefert. In Stab- oder Reckhämmern wurde das Metall zu Stabeisen geformt, transportiert und im Sauerland oder im Gebiet um Remscheid weiterverarbeitet. Weiterhin wurde Bandeisen hergestellt, das zur Herstellung von Fässern diente oder im Schiffbau verwandt wurde.

Im 18. Jahrhundert wurde der Holzmangel zu einem Problem. Bereits 1750 untersagte der Graf von Schwarzenberg für seinen Bereich die Neuanlage von Stauweiern für Hammerwerke, um die Zahl der Industrieanlagen zu beschränken.

Um 1800 begann schließlich der Niedergang der Hütten- und Metallindustrie, um nach einer Übergangsperiode von ca. 40 Jahren fast völlig zum Erliegen zu kommen. Die Kontinentalsperre in napoleonischer Zeit, die Existenz technisch weiterentwickelter Konkurrenz, schlechte Verkehrsbedingungen ließen die Montanindustrie in günstigere Regionen abwandern. Die mehr und mehr brachliegenden Anlagen wurden von der aufkommenden Textilindustrie übernommen.

Nur wenige Unternehmen blieben. So führte Friedrich Zapp aus Ründeroth 1827 das von Henry Cort in England 1784 entwickelte Puddelverfahren ein und unterhielt Hämmer im Agger- und Leppetal. Die Gebrüder Reusch in Wiehl übernahmen das neue Verfahren ebenfalls und produzierten auf ihren fünf Hämmern vor allem Achsen.

Die Fa. Dörrenberg, die 1857 den Ründerother Hammer erworben hatte, fertigte von 1860-1947 den besonders harten Janusstahl, der sich gut zur Herstellung von Messerklingen, Beilen und Pickeln eignete.

Während die Hinterlassenschaften der Hüttenindustrie geringfügig und wenig anschaulich sind, haben sich als Hinterlassenschaft der Eisenindustrie z. B. eine Schmiede und zwei Eisenhämmer erhalten, letztere museal betrieben und zu besichtigen.

Ein gutes Beispiel der Eisenverarbeitung für den regionalen Bedarf ist die ehemalige Schmiede Dürhölzener Str. 1 in Marienheide-Hütte. Größe und Ausstattung von Wohnhaus und Schmiedewerkstatt zeigen deutlich, daß es sich hier nicht um eine kleine, meist im Nebenerwerb betriebene Dorfschmiede handelt. Das Wohnhaus mit Bruchsteinerdgeschoß und Fachwerkobergeschoß fällt durch einen breiten Giebel und ein hohes Mansarddach mit Schopf auf. Zur Ausstattung gehört eine repräsentative, geschnitzte Holztreppe der Zeit um 1800 mit Balustern in klassizistischen Formen und einem ausschwingenden volutenförmigen Abschluß. Neben Scheune und Schuppen gehört zum Anwesen die separat liegende Schmiedewerkstatt mit Wetterfahne. Der giebelseitige Eingang hat eine quergeteilte Tür, neben ihr ein schwenkbarer Metallbügel mit Haltevorrichtungen.

Der „Oelchens Hammer“ in Bickenbach bei Engelskirchen repräsentiert besonders anschaulich die Zeit der Eisenverarbeitung in Wasserhämmern. Der ehemalige Raffineriehammer ist heute eine Außenstelle des rheinischen Industriemuseums. Drei Gebäude blieben erhalten. Der Bruchsteinbau auf nahezu quadratischem

Historische Zeugnisse des Eisengewerbes im Oberbergischen Kreis: Die Schmiede in Marienheide-Hütte (o.) und der Wasserradantrieb mit Schmiedekamin des „ Oelchens-Hammer" in Engelskirchen-Bickenbach

Grundriß stammt wahrscheinlich aus dem 18. Jahrhundert. Er enthält zwei Schmiedeöfen, deren Kamine bis in Firsthöhe aus der Wand ragen, und die alte eichene Welle. Die weitere technische Einrichtung ist nicht mehr vorhanden.

Der große Fachwerkbau mit dem Wasserrad wurde in der Mitte des 19. Jahrhundert errichtet und enthält im Inneren noch zwei der ehemals drei Hämmer. Zwei Schmiedeöfen, Gebläse und die dazugehörigen Anlagen und Transmissionen blieben erhalten und befinden sich noch heute in betriebsfähigem Zustand.

Das 1816 datierte Wohnhaus des Hammermeisters zeigt über dem Eingang die Inschrift: CHRISTIAN PETER ZAPP DEN 19TEN IULIUS 1816

Die Anlage diente zur Herstellung von Äxten und Brandeisen für Fässer. Die Fa. Dörrenberg aus Ründeroth erwarb 1860 das Hammerwerk und fertigte hier bis 1947 ihren „Janusstahl".

Eine vergleichbare Anlage blieb auf dem Gelände der Fa. Hoeverstahl in Lindlar-Kaiserau im Leppetal erhalten. Das wahrscheinlich aus der 1. Hälfte des 19. Jahrhunderts stammende Fachwerkgebäude mit Backsteinausfachung enthält noch einen Hammer, Gebläse und Schmiedeofen, ebenfalls in funktionsfähigem Zustand.

Die Metallfabrik Klingenberg in der Peterstraße ist ein anschauliches Beispiel für die Fabrikarchitektur der zwanziger Jahre des 20. Jahrhunderts und für die in dieser Zeit sehr erfolgreiche Metallindustrie in der Stadt. Die verklinkerte Fassade der gestaffelten Front ist ganz im Stil des „Neuen Bauens" gestaltet. Schmale, gereihte Rechteckfenster und dazu gegenläufig querrechteckige Treppenhausfenster dienen dabei als Gestaltungsmittel.

Das 1923 errichtete Gebäude der Firma Troost in der August-Lütgenau-Straße in Hückeswagen ist ein gutes Beispiel für ein Verwaltungsgebäude. Die gleichmäßige Reihung der Fenster zu Bändern, rechteckig im Obergeschoß, rundbogig im Erdgeschoß, entspricht den an Fluren nebeneinanderliegenden Büroräumen, mehrere Eingänge steuern den Publikumsverkehr. Das Kellergeschoß mit zwei Einfahrten enthält die notwendigen Versorgungs- und Archivräume. Zwei seitliche Risalite straßenseitig, einer an der Rückseite, ein Eckerker mit einem kegelförmigen Dach, die Eingangsloggien und Sandsteinelemente gliedern den verputzten Bau und werten ihn auf. An bergische Bürgerhäuser erinnern die neubarocken Verdachungen der Dachgaupen. Das Haus dient seit der kommunalen Neugliederung 1975 dem Oberbergischen Kreis als Außenstelle der Verwaltung.

Die Textilindustrie

Die Anfänge liegen im Mittelalter, jedoch ihre größte Bedeutung erlangte die Textilindustrie erst nach dem Niedergang der Eisenindustrie und der damit verbundenen Möglichkeit, deren Produktionsstätten und Wasserkraftanlagen übernehmen zu können. Ausgehend von Wipperfürth, Radevormwald, Hückeswagen und Lennep hatte sich im Nordosten des Kreises seit dem 13./14. Jahrhundert ein Zentrum der Textilindustrie entwickelt, Produktionsschwerpunkte waren Woll- und Baumwollwaren sowie Strickerei und Wirkerei.

In Wipperfürth gab es im 13. Jahrhundert einen Stadelhof, in dem Tuche verkauft wurden. Seit dem 14. Jahrhundert. war hier Tuchherstellung bekannt, ebenso ist 1462 erstmalig eine Weberzunft urkundlich überliefert. Mitte des 17. Jahrhunderts beherbergte die Stadt 150 Wollweber, deren Produkte weithin gehandelt wurden. Im 18. Jahrhundert aber verlor die Wipperfürther Textilherstellung gegenüber dem aufstrebenden Lennep an Bedeutung. Hinweise für die Tuchherstellung in Hückeswagen gibt es für das 15. und 16. Jahrhundert. Im 18. Jahrhundert kam die Baumwollspinnerei dazu. Um 1800 gab es in der Stadt 23 Unternehmen für die Herstellung von Tuchen, 1801 stellte die Firma Thomas die erste Tuchschermaschine auf, fast gleichzeitig richteten die Gebr. Brüning aus Elberfeld die erste mechanische Baumwollspinnerei auf Wasserkraftbasis ein. Dazu kamen mit Stand von 1822 zwei Walkmühlen, eine Lohmühle, 15 Webstühle, zwei Strumpfwebstühle. An die Heimweberei erinnert das Gebäude Heidenstr. 2/4, dessen Erdgeschoß, durch Stützen und massives Mauerwerk versteift, zur Aufstellung der Webstühle eingerichtet wurde. Nach 1802 gab es in Wipperfürth drei Tuchfabriken, dazu kam 1816 eine Garnspinnerei und 1823 eine Walkmühle. Die Firma Jos. Brunsbach stellte 1832 die erste Dampfmaschine auf.

So baute ein Pionier der Eisenindustrie für sich und seine Familie: Dörrenberg-Villa in Ründeroth (o.)
So baute eine Firma für ihre Mitarbeiter: Verwaltungsgebäude der Firma Troost in Hückeswagen

Zu Beginn des 19. Jahrhunderts jedoch entstand an der Wupperschleife, auf dem Gebiet der Stadt Radevormwald, das bedeutendste Zentrum der Textilindustrie des Kreises. Noch heute bestimmen Wassergräben, Werksanlagen, Schienenwege, Bahnhöfe, Arbeitersiedlungen die Siedlungsstruktur des Flußtales und der begleitenden Höhenzüge.

1788 hatte Hammerbaumeister Johann Peter Buchholz für Peter Busch in Dahlerau acht Buschhämmer für die Eisenherstellung errichtet. Infolge der Kontinentalsperre geriet die Firma in wirtschaftliche Schwierigkeiten und mußte 1809 Konkurs anmelden. 1815 erwarben die Lenneper Tuchfirmen Johann Wülfing und Sohn, Johann Daniel Hardt und Sohn sowie Peter Walther, der 1833 dann ausgezahlt wurde, aus einer Versteigerung das Anwesen mit Hämmern, Wohngebäuden, Stallungen, Werkzeugen und Ausstattung.

1836 zerstörte ein Brand die baulichen Anlagen. Nach Plänen von Privatbaumeister Christian Heyden wurden dann bis 1840 durch den Bauunternehmer Christian Schmidt die heute teilweise noch vorhandenen Gebäude aus Bruchsteinmauerwerk errichtet.

Der gleiche Architekt entwarf zwischen 1835 und 1840 auch die Anlagen für die Textilfirma Schürmann und Schröder in Vogelsmühle und gleichzeitig auch die der Firma Hardt-Pocorny in Dahlhausen, ebenfalls ausgeführt von Christian Schmidt.

Bis 1850 siedelten an der Wupperschleife die Streichgarnspinnerei Peter Hammacher & Co. in Krähwinklerbrücke, die Tuchfabrik Peter Schürmann u. Schröder in Vogelsmühle, Johann Wülfing u. Sohn in Dahlerau, Firma Adolf Baumdahl in Dahlhausen, die 1862 von Wülfing gekauft, ab 1888 unter dem Namen Hardt-Pocorny weiterarbeitete. 1974, 1975, 1992 wurden die letztgenannten Werke stillgelegt.

Auch im Aggertaler Raum entwickelte sich im 19. Jahrhundert eine bedeutende Textilindustrie.

In Bergneustadt hatte sich zu Beginn des 19. Jahrhunderts eine Produktion von Wollstrümpfen, Unterjacken- und Zipfelmützen etabliert. 1806 gründete Leopold Krawinkel mit einem Webstuhl eine Textilfirma, sein Sohn erwarb dann mehrere Strumpfwebstühle, die er bei für ihn tätigen Strumpfwirkern aufstellte. 1838, gleichzeitig mit den ersten Fabrikationsanlagen an der Wupperschleife, ließ die Firma ihr erstes Fabrikgebäude aus Fachwerk errichten. Die Aufgabe des bis dahin vorherrschenden Verlagssystems, bei dem der Fabrikant seine Maschinen bei von ihm abhängig arbeitenden Webern und Wirkern aufstellte, machte hier, wie auch im Wuppertal, die Errichtung spezieller Fabriken notwendig. 1855 wurde der erste Rundstuhl aufgestellt. Von Bergneustadt aus wurden weitere Textilfirmen in der Umgebung und im Aggertal gegründet.

Die Firma E. Pickhard in Gummersbach installierte als erste einen Reißwolf für Wollumpen, um aus diesem Material Kunstwolle zu spinnen.

Das bedeutendste Unternehmen im Aggertal ist jedoch die Firma Ermen und Engels, deren Produktionsanlagen teilweise heute als Museen besichtigt werden können. 1837 ließ sich die Firma in Engelskirchen nieder. Gründer dieses Betriebsteiles – ältere Produktionsanlagen in Wuppertal wurden weiter betrieben – war Friedrich Engels sen., Vater des bekannten Sozialisten Friedrich Engels. Zugleich mit den Werksgebäuden ließ er eine Villa, eine evangelische Kirche und Wohnhäuser bauen.

Mit der Planung der Werksgebäude beauftragte er den schon an der Wupperschleife tätigen Christian Heyden. Ende der siebziger Jahre des 20. Jahrhunderts stellte die Firma ihren Betrieb ein.

Fabrikarchitektur als Bauaufgabe ist ein Produkt des 19. Jahrhunderts. Die strengen Zunftordnungen und die Produktion im Verlegersystem hatten in vorindustrieller Zeit den Umfang von Anlagen und Produktion beschränkt. Gearbeitet wurde meist im Wohnhaus abhängiger Hersteller. Das enge räumliche Verhältnis von Wohnen und Arbeiten, das auch die Landwirtschaft bestimmte, fand in den herkömmlichen, regionalen Haustypen geeignete Möglichkeiten.

Durch die traditionelle Realteilung unrentabel gewordenen Grundstücksgrößen, relativer Bevölkerungsreichtum und damit verbunden eine differenzierte Aufgliederung aller Tätigkeiten boten gute Voraussetzungen für frühindustriellen Produktionsformen. Dorfgrundrisse und Siedlungsstrukturen, vor allem in den Tälern, haben häufig darin ihren Ursprung, die Siedlungsverhältnisse in rein landwirtschaftlichen gegenüber frühzeitig industrialisierten Regionen sind meist sehr ähnlich.

Die ersten Bauten des Industriezeitalters für eine arbeitsteilige Produktion waren aus Fachwerk, gestaltet in Anlehnung an die heimischen Wohnhausformen, wie z. B. das erste Fabrikgebäude der Firma Krawinkel in Bergneustadt, Kölner Straße 262. Am Fachwerkbau hielt man in bestimmten Bereichen bis zum Ende des 19. Jahrhunderts fest oder nutzte vorhandene Baulichkeiten. Beispiele dafür sind ein Werksgebäude innerhalb der Anlagen der Textilfirma Baldus in Osberghausen oder die ehemalige Schlosserei der Firma Wülfing in Dahlerau.

Ausgehend von Wuppertal und Lennep, erfolgten dann um 1830 die Niederlassungen bedeutender Textilfirmen an der Wupperschleife und im Aggertal. Nach englischen Vorbildern entstanden zunächst Fabrikgebäude aus Bruchstein, meist in auffallend langgestreckter Form. Grund dafür war die nur zwei- bis dreireihige Aufstellung der Maschinen, die ihre ausreichende Beleuchtung durch die beidseitigen Fensterreihen erhielten. Genügend Produktionsflächen wurden durch die Länge des Baues und eine mehrgeschossige Anordnung der Arbeitssäle geschaffen.

Diese Säle besaßen keine Trennwände, Stützenreihen teilten Maschinen und Verkehrsflächen. Zuerst waren die Stützen aus Holz, aber die damit verbundene Brandgefahr förderte die Einführung zunächst gußeiserner Stützen, wie sie im Ursprungsbau von Dahlerau oder in Osberghausen erhalten sind, und ab 1860 dann ein komplettes System eiserner Träger und Stützen. Alle Trageelemente waren mit den Umfassungsmauern verbunden und außen mit runden Kopfplatten verankert. In der zweiten Hälfte des 19. Jahrhunderts wurde mehr und mehr Backstein als Baumaterial benutzt, begünstigt durch die reichhaltige Produktion der aufkommenden Ringöfen.

Zum Bauprogramm der gewerblichen Anlagen gehörte oft eine repräsentative Unternehmervilla. Zwar bewohnten die Firmenbesitzer anfänglich auch naheliegende, einfache Wohnhäuser, übernahmen bereits vorhandene Domizile (wie z. B. Gustav Dörrenberg das wahrscheinlich für Hammerwerksbesitzer Zapp errichtete Gebäude Hauptstraße 12 in Ründeroth) oder ließen Verwaltung und eigene Wohnung in einem Gebäude unterbringen. Berühmtes Beispiel für eine demonstrativ zur Schau getragene Bescheidenheit ist das Stammhaus der Firma Krupp auf dem heutigen Werksgelände in Essen.

Orientiert an Wuppertaler oder Remscheider Vorbildern entstanden an der Wupperschleife und in Engelskirchen Villen in spätklassizistischem Stil, in großen parkartigen Gärten und in der Nähe der gewerblichen Anlagen. Haustechnisch modern organisiert, mit großzügigem Raumangebot, repräsentieren sie den gesellschaftlichen, aber auch den kulturellen Anspruch ihrer Bauherren. Gegen Ende des 19. Jahrhunderts löst sich die Bindung zum Werk, beliebt ist dann das landschaftlich schön, aber abseits gelegene Refugium eines reichen, kultivierten Bauherrn, wie es z. B. an den beiden Steinmüllervillen in Gummersbach anschaulich wird.

Im Vergleich zum Ruhrgebiet hat der Wohnungsbau der aufstrebenden Unternehmen einen geringeren Umfang. Größere Anlagen, die man als Siedlungen bezeichnen kann, sind allenfalls an der Wupperschleife anzutreffen. Sonst sind es meist kleinere Häusergruppen mit unterschiedlichen Haustypen. Grund dafür war der wesentlich geringere Zuzug von auswärtigen Arbeitskräften. Das Kreisgebiet war – wie schon erwähnt – zu Beginn des 19. Jahrhunderts relativ dicht bevölkert, die wenig einträgliche Landwirtschaft und der Niedergang der Eisenindustrie zwangen zur Aufnahme neuer Tätigkeiten, so daß auch Arbeitskräfte aus der näheren Umgebung zur Verfügung standen.

Der kleinteilige Landbesitz erschwerte die Niederlassung, die Verkaufsverhandlungen zum Erwerb der nötigen Grundstücke gestalteten sich schwierig, die Folge war Wohnbautätigkeit in kleinen Einheiten. Trotzdem waren Wanderungsbewegungen und Schlafgängerwesen auch in den Industrieregionen des Oberbergischen Kreises bekannt. Infrastrukturelle Einrichtungen wie Menagen und Ledigenwohnheime, heute nicht mehr vorhanden, zeugten davon.

Die Wupperschleife

Die Hauptfabrik für die Firma Wülfing und Sohn in der Wupperschleife in Dahlerau wurde nach Plänen der Architekten Christian Heyden und Christian Schmidt zwischen 1836 und 1840 errichtet. Es war ein vierundzwanzigachsiges, viergeschossiges Gebäude, das im heutigen Komplex noch enthalten ist. Die lange Front gliedern zwei symmetrisch angeordnete, übergiebelte Risalite. In den Produktionshallen blieben die gereihten, gußeisernen, kannelierten Stützen der Erbauungszeit erhalten. 1872 wurde das Gebäude nach Plänen des Architekten Albert Schmidt, dem Sohn von Christian Schmidt, um sieben Achsen verlängert, wobei man sich in Material und Gestaltung eng an den Entwurf von 1836 hielt. Zwischen 1836 und 1840 entstand ebenfalls nach Plänen von Heyden/Schmidt das Fabrikantenwohnhaus, das Albert Schmidt 1872 erweiterte. 1866 hatte der Architekt dann für das von ihm entworfene Dampfmaschinengebäude neben dem gußeisernen Eingangstor erstmalig Backstein verwandt.

Bis in die jüngste Vergangenheit wurde der Werkskomplex umgebaut oder erweitert. Noch heute beeindrucken Werksanlagen und Wohnhäuser durch ihre architektonische Gestaltung und Zuordnung. Das in klassizistischen Formen gehaltene Bruchsteingebäude der Hauptfabrik hat das übliche, kräftige, kastenartige Traufgesims, das auf die Giebelseiten übergreift. Der zum Eingang weisende Giebel ist durch einen flachen, dreiachsigen Risalit, der nach oben abgetreppt ist, gestaltet. Die stichbogigen Fenster behielten ihre gußeisernen Fenstersprossen.

Das Fabrikantenwohnhaus aus Bruchstein, zweigeschossig und mit einem Krüppelwalmdach gedeckt, hat durch seine im gleichen Material ausgeführte Erweiterung die durch den traufseitigen Eingang mit vorliegender, zweiläufiger Freitreppe gegebene Mittelbetonung verloren. Die ab 1880 errichteten Backsteinwerksgebäude konnten ihren Originalzustand weitgehend bewahren. Dazu gehören ein turmartiger Aufzugstrakt mit großen, rundbogigen Fenstern im Anschluß an das Hauptgebäude, parallel zu diesem ein verbindender Mittelbau von 1885 mit heute zugesetzter, korbbogiger Einfahrt über dem Wassergraben, in dem Turbine, Generator und Dampfmaschine zur eigenen Stromversorgung untergebracht waren. Weiterhin das wahrscheinlich aus der Mitte des 19. Jahrhunderts stammende Fachwerkgebäude der Schlosserei. Dazu kamen 1867 und 1907 große Hallenbauten mit Sheddächern, einer speziellen Dachform, die eine gute Beleuchtung von oben und damit Säle ermöglicht. 1960 wurde im Backsteingebäude ein repräsentatives Treppenhaus hinter fast gebäudehohem Farbglasfenster eingerichtet.

Die zugehörigen Wohnbauten für Werksangehörige stammen aus unterschiedlichen Bauzeiten. Das älteste, Wupperstraße 5/7, ein zweigeschossiges, verbrettertes Fachwerkhaus, wurde sicher in der Gründungsphase 1832 errichtet. Um 1860 entstanden dann die fünf zweigeschossigen Fachwerkhäuser Wupperstraße 11-25 und Wülfingstr. 9/11. Sie liegen dem Gelände entsprechend dicht am Hang, haben straßenseitig dadurch ein hohes, verputztes Sockelgeschoß, in das die Eingänge führen und in dem die Kellerräume untergebracht sind. An der Rückseite verläuft in Höhe des Sockels ein Graben, der das Wasser des stark ansteigenden Geländes aufnehmen kann. Die um 1950 angefügten Toilettenerker greifen über diesen Graben. Die Giebelseiten der Bauten sind verschiefert, das stark plastische Kastengesims der Traufe auf die Giebelseite verkröpft.

Um 1890 folgen die dreigeschossigen Backsteinhäuser Am Graben 8-22, Wülfingstraße 1-7, 17-31, Wupperstraße 1/5, 29-33 und 26-30. Durch die Lage am Hang liegen auch hier die Sockelgeschosse entweder straßen- oder rückseitig frei. Ursprünglich hatten die Bauten seitliche, eingeschossige Trakte mit den WCs, jedoch erhielten sie 1937 (z.B. Wülfingstraße 1-7, 17-31) und 1950 (z. B. Am Graben 8-22) Toiletten auf halber Treppe. Die Wohnungen bestehen meist nur aus drei gefangenen Räumen, die in ihren Funktionen nicht festgelegt waren. Besonders herausragend ist das nach Plänen von Albert Schmidt über dem Obergraben 1896/97 errichtete Wohnhaus für Fabrikmeister, in dem auch eine Konsumanstalt untergebracht war. Das dreigeschossige Backsteingebäude ist vor allem im Dachbereich sehr aufwendig gestaltet. An den Gebäudeenden wurde quer zum First je ein überhöhter, walmdachgedeckter Teil angeordnet mit einem durch rundbogige Drillingsfenster beleuchteten Mezzaningeschoß. Auffällig ist der über hölzerne Knaggen weite Dachüberstand. Zum Bauprogramm gehört auch das kleine, wahrscheinlich um 1850 errichtete Schulgebäude

Wupperstraße 4 mit seinen rundbogigen Fenstern und Blendrahmen im Obergeschoß.

In Dahlhausen entstand 1830 die Hauptfabrik, Plan und Ausführung Christian Heyden/Christian Schmidt, ein Bruchsteingebäude mit zwei traufseitigen, weit vorgezogenen Risaliten. Das Erdgeschoß unterhalb des abschließenden Gesimses ist durch die klassizistischen Rundbogenfenster mit Blendrahmen über dem Sturz und gußeiserne Fenstersprossen besonders hervorgehoben.

1855 war die Fabrik stillgelegt worden, bis sie dann 1866 durch Wülfing aufgekauft und von Julius Thomas zur Streichgarnspinnerei umgebaut wurde. 1880 brennt das Hauptgebäude ab, wird bis 1881 wieder hergestellt, dabei die Rückseite um ca. acht Meter nach außen versetzt und erneuert und unter Verwendung von Ziegelmaterial aufgestockt.

Zur Anlage gehört ein Wasserkraftwerk mit einer Dampfturbine von 1920, die noch vorhanden und funktionstüchtig ist. Die zugehörigen Wohnhäuser für Arbeiter entsprechen denen in Dahlerau.

Zum Ensemble gehört die Fabrikantenvilla Hardt-Pocorny, Hardtstr. 35, 1869 wahrscheinlich von Albert Schmidt geplant, ein über hohem Sockelgeschoß zweieinhalbgeschossiger, spätklassizistischer, weiß verputzter Bau mit flachgeneigtem Walmdach.

In Vogelsmühle war nach 1815 ein erstes zweigeschossiges, fünfzehnachsiges Fabrikgebäude aus Fachwerk mit Bruchsteinsockelgeschoß errichtet worden, das jedoch abbrannte. 1835 entstand durch Christian Heyden/Christian Schmidt ein dreigeschossiges Bruchsteingebäude mit Stufengiebel. In seiner Verlängerung, anstelle des abgebrannten Fachwerkgebäudes, wurde 1860/62 dann nach Plänen von Julius Thomas (Neuß) ein fünfgeschossiges, fünfzehnachsiges Bruchsteingebäude errichtet, dessen Fabrikationshallen durch zwei Stützenreihen gegliedert werden. Das Kesselhaus und der freistehende Schornstein von 1831 werden in die Anlagen integriert.

Das zugehörige Direktoren- und Beamtenwohnhaus (Vogelsmühle 18-20) ist über hohem Bruchsteinsockel zweigeschossig, verschiefert, mit Mittelbetonung durch einen dreigeschossigen, übergiebelten Risalit. Drei traufseitige Eingänge mit Oberlichtern erschließen das Gebäude, zwei davon – im Erdgeschoß liegend – haben über den Sockel führende, einläufige Freitreppen, einer führt direkt ins Sockelgeschoß, während darüber eine Fenstertür aus Gründen der Symmetrie eingerichtet wurde.

Klassizistischen Gestaltungsprinzipien entsprechen die Okuli in den Risalitgiebeln und das auf die Giebelseite übergreifende Kastengesims. Von den infrastrukturellen Einrichtungen blieb ein im ortsüblichen Stil gestaltetes Gasthaus mit Saalbau erhalten.

Industrie-Architektur: Gebäude auf dem Werksgelände Hardt-Pocorny in
Radevormwald-Dahlhausen mit Teilen des Ursprungsbaues von 1830 nach Plänen von Christian Heyden.

Werksanlage
des Unternehmens
Schürmann-Schröder
in Radevormwald-
Vogelsmühle.
Im Hintergrund ein
Bruchsteingebäude
von 1860/62 nach Plänen
von Julius Thomas.
Links der kunstvoll
gemauerte Schornsteinfuß
der Textilfabrik.

In diesem klassizistisch geprägten Haus in Radevormwald-Vogelsmühle wohnten Direktoren und Beamte der Firma Schürmann-Schröder (o.). Dem Unternehmer vorbehalten war die ebenfalls im klassizistischen Stil gebaute Villa in Radevormwald-Dahlhausen (u.). Folgende Seiten: Arbeiterwohnhaus im Tal der Wupper

Wohnungen für die Werkmeister: Haus in Radevormwald-Dahlerau – errichtet in den Jahren 1896/97 nach Plänen des Architekten Albert Schmidt. Im Gebäude verkaufte auch eine Konsumanstalt Waren

Konstruktion aus Bruchstein und Fachwerk: Wohnhaus für Arbeiter in Radevormwald-Dahlerau (o.)
Aus Backstein wurde das Arbeiterwohnhaus an der Wuppertalstraße im Jahr 1890 errichtet

Wohnungen für Arbeiter: Gebäude in Radevormwald-Dahlerau, Am Graben

Das Aggertal

Peter Ermen aus Manchester und Friedrich Engels sen. aus Wuppertal erwarben 1837 das Pochwerk auf dem Braunswerth, zwei Mühlen und die zugehörigen Wasserrechte. Ausreichende Wasserkraft und ein zu erwartendes niedriges Lohnniveau bei genügend Arbeitskräften war der Grund für ihre Standortwahl. Nach Plänen von Christian Heyden wurde zwischen 1840 und 1845 die Zwirnerei (heute Museum) errichtet, die man danach ständig erweiterte. Sie war ein über hohem Sockelgeschoß dreigeschossiges Bruchsteingebäude mit flachem, durch rundbogige Drillingsfenster herausgehobenen Mittelrisalit. Zwischen 1866 und 1868 folgte dann die Spinnerei, ein über hohem Sockel zweigeschossiges Bruchsteingebäude, daß 1899 um ein weiteres, in Backsteinmauerwerk ausgeführtes Geschoß erhöht wurde.

Letzteres wurde beim Umbau zum Rathaus wieder abgetragen. Der für eine mehrreihige Maschinenaufstellung vorgesehene Bau auf auffallend breitrechteckigem Grundriß besitzt im Inneren ein Stützen-Träger-System mit Kappengewölben aus Backstein. Die Gußstützen haben die Form dorischer Säulen mit angegossenen Halterungen zur Führung der Transmission. Die Träger sind nach außen mit Rundankern befestigt.

Zum Werk gehören einige, allerdings vereinzelt liegende Wohnhäuser, z. B. die eingeschossigen Fachwerkhäuser an der Straße Im Grengel. Sie sind vergleichbar mit denen an der Wupperschleife.

Das herausragende Gebäude dieser Anlage ist das Fabrikantenwohnhaus im großen Park, das Friedrich Engels sen. für die Familie seiner beiden Söhne und für sich, wahrscheinlich nach Plänen von Christian Heyden, errichten ließ. Der zweigeschossige, verputzte, langgestreckte, walmdachgedeckte Bau mit Mezzaningeschoß erhält seine ausgesprochene Mittelbetonung durch einen dreigeschossigen, leicht risalitartig vortretenden, satteldachgedeckten Mitteltrakt. Zu den klassizistischen Stilelementen gehören die Putzquaderung des Sockels, die gleichmäßige Reihung der Rechteckfenster, die Horizontalbetonung durch Gesimse, der über einen Konsolfries weite Dachüberstand, der gerahmte flache Dreieckgiebel des Mitteltraktes, die liegenden Rechteckfenster des Mezzanin und die Balkon- und Terrassengitter aus Gußeisen.

Eine völlig andere Formensprache weisen die drei polygonalen, zweigeschossigen, auf vier Stützen aufsitzenden Erker aus Gußeisen auf, die zugleich auch auf die Teilung des Gebäudes in drei Wohneinheiten verweisen. Sohlbank- und Sturzgesimse sowie die als unterer Abschluß dienenden Schabracken sind durch neugotische Maßwerkfriese gestaltet. Die gestelzten Rundbögen der Fenster zeigen gußeisernes Maßwerk in Fächerrosettenform. Im Inneren schlossen gußeiserne Schiebetüren den inneren Raum zum Erkerzimmer fein ab. Diese für die Region sehr ungewöhnlichen Formen lassen sich wahrscheinlich durch die enge Bindung der Firmen an Manchester und damit als Reflexion auf englische Vorbilder erklären.

In die Reihe bedeutender Werksanlagen der Textilindustrie im Aggertal gehören auch die der Fabrik C. A. Baldus an der Kölner Straße in Engelskirchen-Osberghausen. Christian Baldus hatte das Gefälle des Osberghauser Hammers erworben und gründete seine Kunstwoll-Spinnerei und Weberei. Die Werksgebäude entstanden 1860 und sind, wie die Vergleichsobjekte an der Wupperschleife, aus Bruchstein errichtet. Anders als dort haben sie sich ohne Aufstockung erhalten. Zwei parallel liegende, zweigeschossige Werksgebäude bilden durch ihre giebelständige Aufstellung zur Straße und mit ihren vorgeblendeten Treppengiebeln eine eindrucksvolle Front. Die rundbogigen Fenster mit Gußeisensprossen liegen in Werksteinrahmen.

Im Inneren der sehr langgestreckten Bauten befinden sich die in dieser Zeit üblichen Säle mit doppelten Reihen gußeiserner Stützen, die hier noch eine Holzkonstruktion miteinander verbindet. Die Straßenfront wird einseitig durch ein sehr niedriges Shedgebäude aus Backstein verlängert, an das ein zweigeschossiges Fachwerkgebäude anschließt. Letzteres entspricht im Typ den aus Dahlerau oder Bergneustadt her bekannten Fachwerksgebäuden. Obwohl von geringerer Größe, sind die Anlagen der Firma Baldus besonders anschauliche Beispiele für den Entwicklungsstand der Zeit um 1860. Sie wurden nur geringfügig erweitert. Gesteigert wird die Anschaulichkeit durch das Vorhandensein einer naheliegenden

Neues Leben in den alten Mauern der Fabrik Ermen & Engels in Engelskirchen: Das ehemalige Hauptgebäude (o.) und das ehemalige Wollager werden vom Rheinischen Industriemuseum genutzt

Die Fabrikanten-„Villa Braunswerth" – errichtet von Friedrich Engels sen. – ist heute die Zentrale des Entsorgungsunternehmens BAV. Die ehemalige Spinnerei (u.) wird von der Gemeinde als Rathaus genutzt

Gebäude der Firma Baldus in Osberghausen mit dem gegenüberliegenden Wohnhaus für die Arbeiter

Elegante Formen für praktische Zwecke: Wollager in Wipperfürth-Niedergaul – entstanden 1912/15 nach Plänen des Architekten Rudolf Schnell (o.). Hell glänzt in Bergneustadt das Verwaltungsgebäude der Firma Krawinkel, das im Jahr 1911 nach Plänen von Heinrich Kiefer errichtet wurde.

Fabrikantenvilla und Arbeiterwohnhäusern gegenüber. Die Villa entstand im Anschluß an die Werksgebäude um 1870. Sie folgt klassizistischen Traditionen. Der zweigeschossige, verputzte und straßenseitig fünfachsige Bau hat einen repräsentativen Mitteleingang mit vorliegender Freitreppe. Der darüberliegende Balkon verstärkt die Mittelbetonung. Die Außenflächen gliedern stukkierter Figurenschmuck in den Sohlbankfeldern und ein Akanthusfries an der Traufzone. Gebälkstücke über geschweiften Konsolen als Fensterverdachungen sind weitere, spätklassizistische Details.

Die gegenüberliegenden Arbeiterwohnhäuser, die um die gleiche Zeit, also um 1870 entstanden sein müssen, bestehen aus Fachwerk, das an den Wetterseiten verschiefert wurde. Sie sind zweigeschossig und enthielten wahrscheinlich ehemals einfache Geschoßwohnungen.

Das 1911 fertiggestellte Verwaltungsgebäude aus Stahlbeton der Firma Leopold Krawinkel in Bergneustadt entstand nach Plänen des Gummersbacher Architekten Heinrich Kiefer. Der Dreiflügelbau ist dreigeschossig und walmdachgedeckt, mit einem Dachreiter am Mittelflügel. Dieses fast schloßartig gestaltete Hauptgebäude wird ergänzt durch die an einen der Seitenflügel rechtwinklig anschließenden, dreigeschossigen Fabrikationsgebäude mit Walmdach, gegliedert durch Bänder großer Rechteckfenster, die die ausreichende Beleuchtung der Hallen gewährleisten. Ein Vorgänger war das unweit gelegene, zweieinhalbgeschossige Fachwerkhaus Kölner Straße 262, um 1870 in den Formen bergischer Wohnhäuser errichtet.

1824 wurde in Wipperfürth-Niedergaul durch Heinrich Mellenthal eine Ölmühle umgebaut. Nach 1841 fand ein mehrfacher Besitzerwechsel statt, am Ende wurde die Anlage von der Firma Knopp aus Barmen übernommen. 1907 will der derzeitige Besitzer August Mittelsten Scheid die Wollspinnerei erweitern. Er beauftragt den Architekten und Ingenieur Rudolf Schnell aus Barmen, Pläne für den Neu- und Umbau aufzustellen.

Gebaut wurden das Wollager, an einen alten Maschinenraum angefügt ein Turbinenhaus, eine Spinnerei mit Arbeitssaal, Trocken-, Sozial- und Verwaltungsräumen, ein Meister- und ein Arbeiterwohnhaus mit Stall. Gleichzeitig befestigte man die beiden Betriebswasserteiche durch einen Stollen unter der vorbeiführenden Provinzialstraße und verband sie miteinander. Nach mehrfachen Umbauten erhalten blieb das 1912/15 errichtete Wollager, ein im bergischen Stil gestalteter Stahlbetonbau, der gleichzeitig die Staumauer für den danebenliegenden Wasserteich bildet. Die leicht gerundete, freiliegende Giebelseite ist verschiefert, das zweifach geknickte, überdimensionierte Dach hat zweireihig übereinander angeordnete Dachgaupen.

Die Papierindustrie

Die erste Produktionsstätte für Papier war die Homburger Papiermühle, die bereits für das 16. Jahrhundert belegt ist und heute noch besteht. Hier wurde 1842 die erste Papiermaschine der Region aufgestellt, die die bisher übliche Handarbeit beim Schöpfen, Pressen und Trocknen ersetzte.

Für das 18. Jahrhunder sind 1736 ein Unternehmen in Niedernhagen und 1780 in Bickenbach erwähnt. Seit Beginn des 19. Jahrhunderts kamen weitere, meist von geringer Größe dazu. Bis zur Mitte des 19. Jahrhunderts stellte man Papier vor allem aus Lumpen her, die im Stampfwerk, später durch mit Messern versehene Walzen – sogenannte Holländer – mit Wasser zerfasert wurden. Noch später kam dann auch Holz und Stroh zur Anwendung, eine dazu benötigte Holzschleiferei entstand z. B. 1855 in Homburg und 1870 in Guxmühlen. Ursprünglich von Hand wurde der Faserbrei auf ein Metallsieb geschöpft, auf Filztüchern ausgedrückt, die entstandenen Bögen aufgehängt, getrocknet und geglättet. Das in den kleineren Betrieben übliche Handschöpfen war bald nicht mehr konkurrenzfähig, und so mußten sie nach und nach ihre Produktion einstellen.

Die Anlage der Papiermühle in Nümbrecht geht auf eine landesherrliche Gründung des 16. Jahrhunderts zurück, die zunächst von der gräflichen Verwaltung betrieben und ab 1700 verpachtet worden war. Im Jahr 1757 wurde sie in den Erbstand gegeben, was einem Dauerpachtvertrag gleichkam. Nach einem häufigem Pächterwechsel übernimmt dann 1806 der Papiermeister Johann Rudolf Geldmacher die Papiermühle. Sein Sohn Wilhelm erwirbt

In enger Nachbarschaft zum Betrieb: Vor- und Rückseite des Wohnhauses an der Homburger Papiermühle

den Betrieb als persönliches Eigentum. 1842 stellt er hier eine selbstkonstruierte Papiermaschine auf, mit der er statt des bisher üblichen Handschöpfens industriell fertigen konnte. 1920 wurde der Wasserkraftantrieb durch Elektrizität abgelöst. Die aus den vierziger Jahren des 19. Jahrhunderts stammenden, immer wieder erweiterten Anlagen wurden im Krieg 1944/45 zerstört. Nach dem Wiederaufbau nahm 1947 die Homburger Papiermühle ihre Produktion erneut auf.

Die Kriegszerstörungen haben die Anschaulichkeit der historischen Situation nicht geschmälert. Die Lage am Wasser und im Tal mit dem zugehörigen Grabensystem geht wahrscheinlich auf die Entstehungszeit im 16. Jahrhundert, der hohe rechteckige Schornstein, das Nebeneinander von mehreren Wohnhäusern und Fabrikationsanlagen auf die Ausbauphase um 1840 zurück.

Erhalten blieb das Fabrikantenwohnhaus, 1862 errichtet und 1920 mit einer Veranda versehen. Das zweigeschossige, fünfachsige Gebäude ist dreiseitig verschiefert und an einer Giebelseite verputzt. Zwei traufseitige Eingänge, einer davon mit vorliegender Freitreppe, lassen die Vermutung zu, daß im Gebäude auch Kontorräume untergebracht waren. Spätklassizistischen Formen entsprechen das auf die Giebelseiten verkröpfte, kastenförmige Traufgesims mit Zahnschnittfries und die Thermenfenster in den Giebeldreiecken.

Ein interessantes Beispiel für ein ländliches Wohnhaus der Zeit um 1900 steht ebenfalls am Rande des Werksgeländes. Das zweigeschossige Holzhaus auf hohem Hausteinsockel, in den zusätzliche Eingänge führen, ist durch seine mit Aufbauten aufgelockerte Dachform, die geschwungenen hölzernen Fensterrahmen, weitere hölzerne Zierelemente und die Eingangsloggia sehr malerisch gestaltet.

Die Anlage der Gusmühler Mühle geht ebenfalls auf das 16. Jahrhundert zurück, allerdings auf eine 1554 erstmals genannte Getreidemühle, deren Nachfolgebauten 1870 abbrannten. An ihrer Stelle errichtete die Firma Drienhausen & Kopp eine Holzschleiferei, die ihre Produkte auch an die Homburger Papiermühle verkaufte. Nachdem die Fabrik um 1900 als nicht mehr rentabel zur Schnürriemenherstellung umgebaut wurde, erwirbt sie 1919 Heinrich Geldmacher, in dessen Besitz sich auch die Homburger Anlage befindet.

Bis 1923 erweitert er nach und nach den bestehenden Werkskomplex, um hier die Produkte aus den Papiermühlen in Homburg und Winterborn zu isolierten Papprohren für die Elektroinstallation zu verarbeiten, dazu Papierhülsen für die Aggertaler Wollspinnerei... und Karnevalsartikel. In den fünfziger Jahren wurde die Produktion auf die Herstellung von Kunststoffrohren umgestellt. Einige Gebäude gehen noch auf die Holzschleiferei von 1870 zurück. Darunter ist das über Bruchsteinsockel dreigeschossige Fachwerkwohnhaus direkt am Wassergraben und ihm gegenüber eine eingeschossige Halle aus Bruchsteinmauerwerk mit rundbogigen Fenstern. 1900 wurde sie um ein Geschoß erhöht, diesmal aus Ziegelmauerwerk. Auf den unter Heinrich Geldmacher erfolgten Umbau von 1919 -1923 geht die weiterhin sichtbare turmartige Teerhalle mit rechtwinklig anschließendem Dampfkesselhaus zurück, beides aus Backsteinmauerwerk. Hier verflüssigte man den Teer, in den die Papprohre getaucht wurden.

Das Werk in Nümbrecht-Papiermühle, inzwischen zu einem großen Konzern gehörig, ist das letzte Überbleibsel einer Industrie, die im Homburger Bröltal lange Zeit vielen Menschen Arbeit gab. Die anderen schon stehenden Anlagen werden heute zu unterschiedlichsten Zwecken genutzt.

Die Steinhauerei

Grauwacke wurde im Oberbergischen Kreis ursprünglich von bäuerlichen Betreibern in kleinen Brüchen meist für den privaten Bedarf abgebaut. Sie bildete das geeignete Material für Gebäudesockel, Maueranlagen um die Gehöfte und für den Kirchenbau. Darüberhinaus hatte Grauwacke schon seit der Römerzeit als Straßenbaumaterial gedient. Mit dem Ausbau des Eisenbahnnetzes fand sie – wie auch schon zuvor – beim Brückenbau Verwendung. Mit der Befestigung des Straßennetzes wuchs die Bedeutung der Brüche als Lieferanten für Pflastersteine. In Gogarten entstand 1874 der erste Bruch für Pflastersteine, der 1878 durch

Zwei Raritäten zieren das Gelände der letzten Papierfabrik im Nümbrechter Bröltal: Holzhaus am Rande des Werksgeländes und ein auf viereckigem Grundriß gemauerter Kamin neben dem modernen Schornstein.

Friedrich Wilhelm Schwarz in Alperbrück eröffnete Betrieb lieferte fast ausschließlich an die Stadt Köln. Nach 1880 gingen die Brüche bei Osberghausen, Dieringhausen, Dümmlinghausen, Frömmersbach, Müllenbach (dessen Großabnehmer die Bahn war), Kotthausen, Kalsbach, Marienheide und weitere in Betrieb. Die Besitzer der ältesten Anlagen waren zugleich Fabrikanten für das als Sprengmittel eingesetzte Schwarzpulver.

Der vor allem im Gebiet um Lindlar abgebaute Sandstein wurde seit dem 16. Jahrhundert gewonnen. Lindlar war Zentrum des Steinhauergewerbes. Einer der ältesten Brüche lag am Bungsterberg, nördlich von Lindlar, seit dem 16. Jahrhundert betrieben. Im 17. Jahrhundert taucht in den Kirchenbüchern erstmalig der Begriff „Steinhauer“ auf. Zuerst verwandte man Sandstein beim Kirchenbau, für Kapellen und Wegekreuze. Später fertigte man Bauteile wie Fenstergewände und Sohlbänke. Auch zur Auskleidung der Hochöfen des Siegerlandes wurde das Material verwandt. Mit der Brechstange oder Spitzhacke, unter Verwendung von Keilen löste man das Gestein und verarbeitete es vor Ort.

Wegen schlechter Verkehrsverhältnisse waren gegen Ende des 19. Jahrhundert die Lindlarer Steinbrüche gegenüber Ruhr- oder Wesersandstein oder gar Kunststein im Nachteil. Durch die Benutzung dunkleren, grobkörnigen Materials stellte man die Produktion schließlich auf Pflastersteine um.

1902 baute der Steinbruchbesitzer August Oeser die Steinbrecheranlage an der Straße zwischen Alperbrück und Wiehl, in der das grobe Material aus den ringsumliegenden riesigen Steinbrüchen verarbeitet wurde. Die Anlage erhielt im Tal einen eigenen Eisenbahnanschluß. Die Waggons für den Transport von Material für den Straßen- und Gleisbau konnten direkt unter Siloturm fahren. Auf diesen Weise konnten auch große Güterzüge in kurzer Zeit beladen werden. Der große Siloturm blieb erhalten. Die Brecheranlage selbst und die zahlreichen Nebengebäude für die Maschinen wurden abgerissen.

Schwerpunkt der Steinindustrie: Die Steinbreche in Alperbrück - hier ein Foto aus den 20er Jahren - lag im Zentrum großer Bruchbetriebe im Wiehl-Alpetal.

Von eigenwilliger Ästhetik: Siloturm der ehemaligen Steinbreche bei Wiehl-Alperbrück im Wiehltal

Von ersten Straßen und Schienen

Das oberbergische Land war an mehrere mittelalterliche Handelsstraßen angeschlossen.

- Die mittelalterliche Handelsstraße von Köln nach Dortmund-Hamburg-Bremen berührte Lennep und Wermelskirchen. Diese Straße war meist in einem schlechtem Zustand.

- Eine weitere mittelalterliche Straße, die Köln mit Frankfurt/M. verband, führte über Siegburg, Altenkirchen, Hachenburg, Limburg und wurde von den bergischen Kaufleuten von Deutz aus benutzt.

- 1705 hatte Kurfürst Jan Wellem eine Fahrpostlinie eingerichtet, die Mülheim/Rhein mit Heidelberg verband und direkt über das Oberbergische Land führte. Der Fahrweg lief von Overath nach Drabenderhöhe, von da aus nach Denklingen und weiter nach Siegen.

- Unter Kurfürst Karl Theodor wurde Ende des 18. Jahrhunderts eine Straße zwischen Wuppertal und Frankfurt/M. angelegt, die im Kreisgebiet von Ronsdorf aus über Lüttringhausen, Lennep, Hückeswagen, Wipperfürth nach Kierspe führte.

Wichtig waren die bergischen Eisenstraßen, die das Siegerländer Eisenerz zur Klingenindustrie nach Remscheid und Solingen brachten und den Kreis ebenfalls berührten.

- Bergische Eisenstraße vom Siegerland über Eckenhagen, Derschlag, Gummersbach, Marienheide, Kempershöhle Dohrgaul, Wipperfürth, Fürweg, Kleineichen, Tannenbaum, Hückeswagen, Goldenbergshammer nach Remscheid oder Lennep führend.

- Märkische Eisenstraße von Müsen, Olpe, Drolshagen, Meinerzhagen nach Halver-Breckerfeld und nach Hagen.

Mitte des 19. Jahrhunderts verbesserte sich die Erschließung des Kreisgebietes durch den Bau befestigter Straßen. Bis 1834 wurde die Aggerstraße mit dem Abzweig der Lepperstraße nach Marienheide angelegt. Sie diente vor allem dem Kohlentransport für die Hütten- und Eisenindustrie an Agger, Wiehl und Leppe. Dem folgte zwischen 1850-70 der Ausbau der Straßen um Agger und Sieg durch die Bröltäler. 1853 wurde die Straße zwischen Bergisch-Gladbach - Spitze - Kürten - Junkersmühle - Wipperfürth angelegt und 1860 eine Höhenstraße von Siegburg über Much - Drabenderhöhe - Engelskirchen.

Die Brücken

Brücken sind bedeutende Zeugnisse der regionalen Siedlungsstruktur und des Verkehrs. Viele Orte und Städte verdanken dem Vorhandensein einer Furt oder Brücke ihre Entstehung. So entwickelte sich Hückeswagen aus der Notwendigkeit, einen wichtigen Wupperübergang strategisch zu sichern. Die Brücke im Stadtgebiet von Wiehl ist in der Kartenaufnahme von Tranchot/v. Müffling besonders deutlich eingetragen. Das ist als Hinweis darauf zu werten, daß es sich um einen älteren, wahrscheinlich spätmittelalterlichen und wichtigen Übergang handelt. Die historischen Brücken des Kreises sind klein, ein bis dreibogig und meist aus Bruchsteinmauerwerk. Voraussetzung für die Anlage einer Brücke war das Vorhandensein eines geregelten Flußverlaufes.

Die von Wipperfürth herführende, über Fürweg, Heide, verlaufende Straße konnte in Hückeswagen-Kleineichen über eine Furt durch die Wupper weiter nach Hückeswagen und Bergisch-Born benutzt werden. Um 1735 wurde eine erste feste Brücke eingerichtet, die 1856 durch die heutige Anlage ersetzt wurde. Die zweibogige Brücke ist aus Grauwackebruchstein gemauert.

Die Brücke über die Wiehl bildete zusammen mit der Kirche, der Burg und der nahebei gelegenen Mühle das mittelalterliche Zentrum der vorhomburgischen Vogtei gleichen Namens. Als „Castum Aldenweyles" war die Stadt Wiehl 1114 erstmalig erwähnt worden. 1131 bestätigt die Urkunde des Papstes Innozenz II. Kirche und Zehnt dem Bonner Cassiusstift. Vogteirechte hatten im 9. und 10. Jahrhundert die Ritter von Wiehl ausgeübt. Im 13. Jahrhundert fiel der Besitz an die Grafen von Berg, und 1385 wurde er an den Grafen Salentin von Sayn-Wittgenstein verkauft. Da jedoch die Grafen von Sayn-Wittgenstein und die späteren Herzöge von Berg zugleich Ansprüche erhoben, saßen im Gericht von Wiehl drei bergische und sechs saynische Schöffen unter einem Richter der Grafen von Sayn-Wittgenstein.

Im Siegburger Vergleich von 1604 verzichteten die Herzöge von Berg auf ihre Rechte und die Stadt kam nun ungeteilt zur Herrschaft Homburg. Nach der Besetzung durch französische Truppen 1806 wurde Wiehl Teil des Großherzogtums Berg und 1815 kam es zu Preußen. Seit dem späten Mittelalter sind Eisenerzbergbau, Eisenverhüttung und Hammerwerke urkundlich nachgewiesen, die die Siedlungsstruktur – im Tal der Wiehl und auf einer Terrasse der begleitenden Höhenzüge – maßgeblich prägten.

Die in ihrer Existenz auf das Spätmittelalter zurückgehende Brücke konnte durch starke Pfähle gesperrt werden, um den Zugang zur Burg zu verhindern.

Die ehemalige Burg Wiehl, eine befestigte Halle, wurde 1836 abgerissen. An ihrer Stelle liegt heute das Gebäude Hauptstraße 46. Das naheliegende Mühlengebäude stammt aus dem 18. Jahrhundert, ebenso wie die Brücke. Ein Vorgängerbau der Mühle wird bereits 1576 erwähnt. Die dreibogige Brücke aus Bruchstein bildet noch heute einen wichtigen Flußübergang im Stadtgebiet.

Die im Keilstein des Bogens 1867 datierte Brücke in Wiehl-Mühlenau liegt unmittelbar neben einem Sägewerk, das auf eine ältere, ehemalige Wassermühle zurückgeht. Das ein- bis dreigeschossige Bruchsteinbauwerk mit „Flicken" aus Backstein wurde im 19. Jahrhundert errichtet.

Die Wupperbrücke in Wipperfürth-Hämmern stammt aus dem Ende des 19. Jahrhunderts. Einbogig wurde sie im regelmäßigen Mauerverband aus Werksteinquadern errichtet. Zum Hang hin weist sie an beiden Enden Verstärkungen auf. Der Name für die Ortslage Hämmern entstand 1737, als hier ein Eisenhammer errichtet wurde. Die Urkarte von 1831 verzeichnet deutlich einen festen Übergang und die ausgedehnten Anlagen mehrer Hämmer.

Die Bahnhöfe

Für die seit Beginn des 19. Jahrhunderts einsetzende Industrialisierung in Deutschland reichten die befestigten Straßen bald nicht mehr aus. Das neue Verkehrsmittel Eisenbahn bot andere Möglichkeiten. Vor allem der Industrielle Friedrich Harkort, reicher Besitzer von Kupfer- und Eisenwerken, förderte den Eisenbahn- und Binnenschiffsverkehr, der sich bis zur Mitte des 19. Jahrhunderts allein auf privater Basis entwickelte. So waren 1843 zwei Eisenbahngesellschaften gegründet worden, deren Tätigkeit für die Erschließung des Rheinlandes maßgebend wurden: die Köln-Mindener und die Bergisch-Märkische Eisenbahngesellschaft. In den Jahren 1879 und 1880 wurden nacheinander beide verstaatlicht, verbunden mit einer generellen Verstaatlichung aller Strecken.

Bis zu diesem Zeitpunkt war das Kreisgebiet für den Eisenbahnverkehr nahezu unerschlossen, nur der südliche Teil im Bereich von Waldbröl mit der Station Schladern konnte die Siegbahn zwischen Köln und Gießen in Anspruch nehmen. Schon in der Mitte des 19. Jahrhunderts hatten die Vertreter der oberbergischen Wirtschaft den Anschluß an das Eisenbahnnetz befürwortet, um die Verbindung mit dem Siegerland und dem Ruhrgebiet herzustellen. Es fehlten jedoch die großen Städte, die eine rentable Ausnutzung der Strecken gewährleistet hätten. Dazu wäre die Trassenführung im gebirgigen Gebiet mit seinen tief eingeschnittenen Tälern für die Gesellschafter mit zu hohen Kosten belastet gewesen. Die Verstaatlichung bot bessere Möglichkeiten, und ihr folgte schließlich der Ausbau der Strecken.

● 1884 wurde zunächst entlang der 1823-24 ausgebauten Aggertalchaussee die Aggertalbahn angelegt, zwischen Siegburg-Overath-Ründeroth, 1887 von Ründeroth über Niederseßmar nach Derschlag, 1894/96 bis Bergneustadt, 1903 bis Olpe. Aus Sicherheitsgründen wurde 1913/14 die Trasse weg von der Chaussee näher an den Hang verlegt.

Wo viele Täler sind, da sind auch viele Brücken. Drei Beispiele für den Oberbergischen Kreis: Viadukt in Lindlar-Linde (o.), Brücke über die Wiehl bei Bieberstein (M.) und Brücke über die Wiehl im Stadtgebiet (u.)

● Die Vollmetalbahn, die seit 1874 zur Verbindung von Hagen und Brügge ausgebaut wurde, erreichte 1892 Marienheide und 1893 Dieringhausen, von wo aus die Aggertalbahn erreicht wurde. Dieringhausen war damit zu einem Eisenbahnknotenpunkt geworden.

● 1897 wurde die Wiehltalbahn zwischen Osberghausen und Wiehl gebaut. Die Weiterführung bis Waldbröl erfolgte 1906. Morsbach hatte zunächst Anschluß an eine Nebenbahn von Wissen aus, erhielt 1910 die Anbindung an Waldbröl-Hermesdorf.

● 1910 erfolgte der Ausbau der Strecke Brüchermühle-Wildbergerhütte.

● Mit der Verlängerung der Strecke Köln-Immekeppel bis Lindlar war dann 1912 die letzte Strecke des Kreises angelegt.

Das Wuppergebiet wurde zwischen 1886 und 1890 durch die Strecke Lennep-Krebsöge-Dahlerau-Langenfeld sowie durch die Linie Krebsöge-Radevormwald erschlossen.

Die oberbergische Wirtschaft besaß damit Anschluß an den märkischen Kreis, an das Siegerland und zum Rhein, jedoch existierte zunächst kein Anschluß an das Niederbergische. Der erfolgte erst 1902 mit der Linie Wipperfürth-Marienheide.

Die an diesen Strecken errichteten Stationsbauten waren überwiegend Durchgangsbahnhöhe. Sie enthielten Empfangs- und Warteräume, Räume für Gepäck und Post, Nebengebäude für den Güterverkehr und, entweder integriert oder in einem separaten Gebäudeteil, das Restaurant. Im Obergeschoß wurden Wohnungen für die Bediensteten untergebracht. Sie waren einerseits Nutzbauten, die aber zugleich den Staat zu repräsentieren hatten und entsprechend gestaltet waren.

Die erhaltenen historischen Bahnhöfe des Kreises erzählen dessen Eisenbahngeschichte. Vorbilder für die Architektur ländlicher Bahnhöfe waren Villen oder bürgerliche Landhäuser. Unter dem ab 1900 wirksam gewordenen Heimatstil forderte man zusätzlich ihre Anpassung an die charakteristische Bauweise der Landschaft. Zugleich wurden Typen entwickelt, die wiederholt Anwendung fanden und sich den unterschiedlichen Gegebenheiten jeder Station anpassen konnten. Tür- und Fenstergewände wurden industriell hergestellt.

Es gab Gebäudetypen, die vorab zum Wiederverwenden und Versetzen konstruiert waren, so der Bahnhof in Derschlag. Der einfache Bau aus Fachwerk wurde 1887 von Gelsenkirchen-Horst ins Aggertal versetzt.

Der bürgerlichen Villen- und Landhausarchitektur im regionalen Stil entsprechen vor allem die verschieferten Bahnhöfe in Marienheide (um 1892), Marienheide-Kotthausen (um 1890) und Radevormwald-Dahlerau (um 1890). Es sind sehr kompakte, zweigeschossige Bauten mit weit überstehenden Walm- und Krüppelwalmdächern, Zierverschieferungen und Schwebegiebeln. Vergleichbar, jedoch mit Mauerwerk aus Grauwackebruchstein, ist der Bahnhof in Morsbach (um 1906).

Als geeignetes Baumaterial wurde gern das nächstgelegene, z. B. bei der Trassierung anfallende Material vorgeschlagen. Bahnhöfe mit Bruchsteinmauerwerk aus Grauwacke entsprechen dieser Forderung. Dazu gehören der alte Bahnhof in Dieringhausen (um 1893) oder Niederseßmar (um 1897). Hier finden sich auch die industriell hergestellten Gewände in Neorenaissance Formen, die in wesentlich aufwendigerer Ausführung bei großstädtischen Bahnhöfen sehr beliebt waren.

Zu den Beispielen, die relativ spät, kurz vor dem I. Weltkrieg, errichtet wurden, gehören die Bahnhöfe in Reichshof-Denklingen (um 1910) Oberwiehl und Waldbröl. Auch hier diente wieder Bruchstein als Baumaterial. Die einzelnen Gebäudeteile werden durch ein durch Aufbauten gestaffeltes, an den Seiten weit herabgeschlepptes Dach zusammengefaßt.

Am Ende der Reihe steht der in den zwanziger Jahren errichtete Bahnhof in Dieringhausen, dessen Gestaltung, vergleichbar mit dem sehr viel größeren Bahnhof in Köln-Deutz, einem Schloß gleicht. Er ist der wichtigste Bahnhof des Kreises, von hier aus sind Köln, Gummersbach, Hagen, Brügge, Lennep, Olpe und Waldbröl zu erreichen.

Import aus Gelsenkirchen-Horst: Der Bahnhof in Gummersbach-Derschlag (o.)
Mit hölzernem Schwebegiebel: Der Bahnhof in Morsbach (u.)

Im Ruhestand: Bahnhöfe Dahlerau (o.) und Dahlhausen (u.) in Radevormwald

Verschiefert und verwunschen: Bahnhöfe in Marienheide (o.) und Reichshof-Denklingen (u.)

Bruchsteinburg: Der alte Bahnhof in Gummersbach-Dieringhausen (o). Die typischen vorgefertigten Sandsteingewände zeigt der Eingang des Bahnhofs in Gummersbach-Niederseßmar (u.)

Museum für Eisenbahnfreunde: Der alte Ringlokschuppen am Bahnhof in Dieringhausen (o.)
Modernere Form: Der „Neue" Bahnhof in Dieringhausen (u.)

Die großen oberbergischen Mauern

Seit dem 15. Jahrhundert war im Kreisgebiet die Wasserkraft zum Antrieb von Hämmern und Blasebälgen ausgenutzt worden. Schwankende Niederschlagsmengen und damit verbunden schwankende Antriebskräfte führten schon früh zu Anlagen von Stauweihern, die jedoch den sich ausweitenden Betriebsgrößen nicht mehr genügen konnten. Für die Regelung der Wasserwirtschaft und Bodenbewirtschaftung waren größere Anlagen notwendig, die das ganze Flußtal erfaßten.

Um 1840 begann man in Deutschland mit dem Bau solcher Anlagen, bei denen, um dem Anspruch einer Talsperre zu genügen, das Stauwehr mindestens fünf Meter hoch und der Stauraum mindestens 100 000 Kubikmeter zu umfassen hatte. Im heutigen Oberbergischen Kreis waren es vor allem der Trinkwasserbedarf der großen Städte wie Wuppertal und Remscheid, der Wasserbedarf der Industrie und der Bedarf an Elektrizität, die den Bau von Talsperren notwendig machten. Die enormen Baukosten verlangten den Zusammenschluß von Interessengemeinschaften.

1896-99 wurden an der Wupper die Bevertalsperre und die Lingesetalsperre errichtet, 1912/13 folgt die Bruchertalsperre. 1938 mußte die Bevertalsperre vergrößert werden. 1908/09 wird die Neyetalsperre zur Versorgung der Stadt Remscheid mit Trinkwasser errichtet und 1911/12 die Kerspetalsperre für die Versorgung der Stadt Wuppertal. Den Oberlauf der Wupper regulierten auffallend viele Talsperrenanlagen.

Die Lingesetalsperre, eine der ältesten Talsperren nach Plänen des Baumeisters Otto Intze, nahm 1899 als Brauchwasserspeicher ihren Betrieb auf. Die parabolisch geführte Schwergewichtsmauer von 183 Meter Länge, 5 Meter Kronenbreite und einer Höhe von 25 Meter über Gründungssohle ist mit Bruchsteinplatten ummantelt. Die Mauerkrone ist mit Zinnenkranz und Rundbogenfries gestaltet, die Kaskade liegt seitlich an der Außenseite. Das Bauwerk mußte 100 Jahre nach der Fertigstellung gründlich saniert werden.

Die 1912/13 errichtete Bruchertalsperre kommt bereits ohne historisierende Schmuckdetails aus. Die mit Bruchstein verkleidete Staumauer hat einen einfachen, geraden Abschluß, der Überlauf an der Außenseite erfolgt durch rundbogige Öffnungen. Die ebenfalls nach Plänen von Otto Intze errichtete Anlage konnte 1914 als Brauchwassertalsperre ihren Betrieb aufnehmen.

Die bogenförmige Gewichtsstaumauer ist 200 Meter lang, hat eine Kronenbreite von vier Meter und eine Höhe über Gründungssohle von 25 Meter. Wegen einer durchgreifenden Sanierung entleerte man 1990 den Stausee. Die Arbeiten wurden in dem Bestreben durchgeführt, die Mauer als Denkmal einer wichtigen Epoche des Talsperrenbaues zu erhalten.

Zwischen 1907 und 1909 errichtete man im Auftrag der Stadt Remscheid die Neyetalsperre als wichtiges Trinkwasserreservoir. Die Sperre hat einen Inhalt von sechs Millionen Kubikmeter, ihre Staumauer wurde – im Gegensatz zur Brucher - und Lingesetalsperre – ohne historisierende Details gestaltet.

Die Aggertalsperre – eine Inschrifttafel an der zugehörigen Gaststatte hält es für die Besucher fest – entstand 1927/28. Die parabolisch angelegte Staumauer hat einen Betonkern, wurde aber aus Gründen der Anpassung mit Bruchsteinplatten ummantelt. Der Überlauf erfolgt durch rundbogige Öffnungen unterhalb der gerade abschließenden Mauerkrone. Die gleiche Bruchsteinummantelung haben das Turbinenhaus, das Wasserkraftwerk Stau II und der Stau Ohl-Grünscheid. Zur Anlage gehört auch das erwähnte Restaurant mit Hotel am Beginn der Staumauer.

Die Fotos auf den folgenden Seiten zeigen hintereinander die Mauern der Bruchertalsperre, der Neyetalsperre und der Aggertalsperre.
Das Foto auf dem Buchtitel zeigt die Mauer der Kerspetalsperre bei Wipperfürth.

Strom aus dem Fluß: Die Stauanlagen im Aggertal bei Ohl-Grünscheid (diese Seite) und Loope (nächste Seite) gehören zum Gesamtkonzept der Wasserwirtschaft, das bei der Planung der Aggertalsperre entwikkelt wurde. Das Haus auf der nächsten Seite steht am Ende der Staumauer an der Aggertalsperre und dient als beliebtes Ausflugslokal am See.

HOTEL-RESTAURANT AGGERTALSPERRE

Die geschlossene Ortschaft

Bergneustadt

Die Altstadt von Bergneustadt liegt auf einem in das sich weitende Dörspetal hineinragenden Bergsporn. Sie wurde auf nahezu rechteckigem, ehemals ummauertem Areal von 150 m x 240 m angelegt. Drei parallel verlaufende, innerhalb des Mauerringes an den Enden quer verbundene Straßen (Hauptstraße, Kirchstraße, Wallstraße) prägen den Grundriß. Der ehemalige Burgbezirk zeichnet sich als Freifläche innerhalb der sonst sehr dichten Bebauung ab. Der Verlauf des Plateaus ist durch Reste der Futtermauer am Ostabhang, die zum Teil von Häusern überbaut sind, und durch Mauerreste am Westhang belegt. Zwei Stadttore mit Wachtürmen lagen am Nord- und Südrand. Die Bebauung besteht aus meist giebelständigen, zweigeschossigen, teilweise verschieferten Fachwerkhäusern. Die Silhouette wird geprägt durch die weithin sichtbare evangelische Kirche, die im wesentlichen Ende des 17. Jahrhunderts errichtet wurde, es werden jedoch noch Reste eines Vorgängerbaues des 14. Jahrhunderts im Mauerwerk von Chor und Turm vermutet. Die exponierte Lage der Altstadt auf dem Bergsporn verhinderte eine Zersiedlung des durch Bauten aus dem Ende des 18. und 19. Jahrhunderts geprägten Stadtkernes.

Nachdem der Eigenbesitz der Grafen von Berg in Gummersbach an die Grafen von der Mark gekommen war, ließen sie zur Sicherung ihres Territoriums eine neue Stadt anlegen. Unter Graf Eberhard II. von der Mark (1277-1308) begann 1301 der Amtmann Rutger (Rüttger) von Altena mit dem planmäßigen Aufbau der Stadtburg, der 1353 unter dem Drosten Gerhard von Plettenberg mit dem Ausbau der Burg vollendet wurde.

Das älteste erhaltene Stadtsiegel von 1351 nennt die Anlage CIVITATIS DE WIDENAUWE. Das Siegel des 15. Jahrhunderts zeigt dann die Inschrift: *Sigillum Opidi dicti Niestat.* Der Name Bergneustadt ist seit 1884 gebräuchlich. Es gab hier recht bald nach der Stadtgründung eine Kapelle, jedoch war bis 1756 die Pfarrkirche des sehr viel älteren Wiedenest für die Gemeinde zuständig.

Graf Engelbert III. (1347-1391) verlieh die Stadtgerichtsbarkeit und das Marktrecht, unter Gerart von Kleve wurde 1419 das bisher in Gummersbach ansässige Vogteigericht in die Stadt verlegt. Bis ins 17. Jahrhundert gab es hier das Stadtgericht, ein Vogteigericht für 12 Bauernschaften und ein Frei- oder Femegericht. Die auf der Burg residierenden Amtmänner waren zugleich reiche Gruben- und Hüttenbesitzer, sie förderten Bergbau und Metallverarbeitung in der näheren Umgebung. Überregional bekannte Fabrikate hatten ihre eigenen, speziellen Warenzeichen. So wurden z. B. die Neustädter Hakenbüchsen weithin exportiert. Im 16. Jahrhundert gab es in der Stadt die einzige Schule im Oberbergischen Land, die zur Hochschulreife führte. Der große Brand von 1548, der z. B. auch die älteste Kirche zerstörte, von der man die Reste im heutigen Bau vermutet, behinderte die wirtschaftliche Entwicklung nur wenig.

Doch mit der Herrschaft von Graf Adam von Schwarzenberg, der 1630 vom Kurfürsten von Brandenburg-Preußen das Amt Neustadt zugeeignet erhalten hatte, begann der lang andauernde, stetige Abstieg und Bedeutungsverlust. 1638 wurde das Vogteigericht wieder nach Gummersbach verlegt, die landesherrlichen Verwaltungsbeamten verließen die Stadt, Burghaus und Amtshaus verfielen. Pestepedemien (1634/36), die Auseinandersetzungen in der Folge des Dreißigjährigen Krieges und die Zerstörungen der großen Brände von 1717 und 1742 trugen zum Rückgang bei.

Die Stadtbefestigung wurde abgetragen. Mitte des 18. Jahrhunderts wanderte die Eisenindustrie in günstigere Regionen ab, die zurückbleibenden Anlagen wandelten sich zu weniger einträglichen Mahl-, Loh- und Fruchtmühlen. Bergneustadt war schließlich eine kleinbürgerlich-bäuerliche Ansiedlung geworden, die in napoleonischer Zeit sogar das Recht verlor, einen Bürgermeister zu wählen.

In preußischer Zeit beginnt dann der erneute Aufstieg. Die wirtschaftliche Grundlage dazu bildete die sich seit 1800 herausbildende Textilindustrie. Die Stadt gewinnt an Selbständigkeit und erhält 1857 ihre Stadtrechte zurück. Zuvor war sie 1806 mit Lieberhausen und Wiedenest zu einer Mairie im Kanton Gummersbach zusammengeschlossen worden. 1822 wird in der Stadt ein Wasserleitungsnetz angelegt, und ab 1832 werden mit dem Ausbau der Köln-Olpener Straße im Tal die Verkehrsbedingungen verbessert.

Heute bietet die Altstadt von Bergneustadt das malerische Bild eines historischen Stadtkerns. Ihre Geschichte von Bedeutungsverlust und Wiederaufstieg ist eng mit der Geschichte der gesamten Region verbunden und in ihr anschaulich geblieben. Die nach dem Ausbau der Köln-Olpener Straße einsetzende Entwicklung führte vor allem zur Besiedlung des Tales und ließ die Altstadt weitgehend unberührt.

Hückeswagen

Die ehemals zum Rhein-Wupper-Kreis gehörende Stadt liegt im Gebiet der oberen Wupper und westlich der Bevertalsperre. Ohne Ummauerung hatte sie den Rang einer „Freiheit" mit städtischen Rechten, anders als Bergneustadt war sie immer Verwaltungssitz und kultureller Mittelpunkt geblieben. Am Muldental eines Nebenbaches der Wupper liegen Altstadt und Schloß auf einem Bergsporn, der von Weihern und Burggräben umgeben war. Das auf der äußersten Erhebung weithin sichtbare Schloß geht in seinen wesentlichen Teilen noch auf das 12. Jahrhundert zurück. Der integrierte Saalbau der ehemaligen katholischen Kirche beherbergt heute das Heimatmuseum, in den übrigen Räumen ist die Stadtverwaltung untergebracht. Von hier aus entwickelte sich entlang der Marktstraße und einem Teil der Kölner Straße die alte „Freiheit". Weierbachstraße, Weidmarktstraße und Bongardstraße stellten die Verbindung zum Tal her, 1773 bis 1776 wurden Friedrichstraße und Islandstraße angelegt. Mitte des 19. Jahrhunderts befestigte man im Tal die Bachstraße.

Eines der typischen Fachwerkhäuser in der Altstadt von Bergneustadt. Rechts die Altstadt aus der Luft

Heute bietet die Altstadt ein malerisches Bild. In den Farben grau (Verschieferung), weiß (Fenstersprossen) und grün (Fensterläden) gehalten, liegen die Fachwerkhäuser giebelständig zur Straße, wenn die mittelalterliche Parzellierung beibehalten wurde, oder in einigen Fällen traufseitig, wenn, wie an der oberen Marktstraße, zwei Baugrundstücke zusammengelegt wurden, was meist in der Mitte des 19. Jahrhunderts erfolgte. Die zwischen 1783 und 1786 errichtete Pauluskirche neben dem Schloß gehört ebenfalls zur unverwechselbaren Silhouette Hückeswagens.

1085 wird die Stadt als Hunkengesuunage erstmalig erwähnt. In diesem Jahr bestätigt Kaiser Heinrich IV. der Äbtissin Swanhild die Schenkung ihrer Erbgüter an das Stift in Essen. Die Besiedlung erfolgte von einem Sattelhof aus, der anstelle des heutigen Schlosses gelegen haben soll. 1138 wird ein Graf Friedrich von Hückeswagen erwähnt und zuvor, 1120, hatte man mit dem Bau der Burg begonnen, als deren Erbauer die Grafen Friedrich, Heinrich und Arnold gelten. Mit dem Verkauf des Stammgutes 1260 an die Grafen von Berg verliert Hückeswagen seine Selbständigkeit, wird jedoch im 14. Jahrhundert ein eigenes Amt im Herzogtum Berg.

Seit 1300 hatten die Bewohner das Recht, Bürgermeister, Rat und Schöffen zu wählen, die „Freiheit" Hückeswagen erhält 1859 offiziell die Stadtrechte.

Während des jülich-klevischen Erbfolgestreites kommt Hückeswagen 1631 kurzfristig in den Besitz des Grafen Adam von Schwarzenberg, der das Schloß besetzte. 1635 vertreiben ihn pfalz-neuburgische Truppen von dort, und bis zur Übernahme durch die Franzosen 1806 bleibt die Stadt bergischer Amtssitz.

Seit 1297 war Hückeswagen eine selbständige Pfarrei, und seit 1555 gab es hier ein Amts- und Landgericht.

Im Dreißigjährigen Krieg erfolgte mehrfach der Durchzug feindlicher Truppen. 1740, 1753 und 1760 vernichteten verheerende Brände einen großen Teil der Gebäude. Im Verlauf des Siebenjährigen Krieges kamen 1756 wieder Soldaten in die Stadt und 1792-97 zerstörte der Marschall Ney einen Teil der Altstadt. Zu den bekanntesten Bewohnern gehörten Johann Heinrich Jung-Stilling, der in seiner Lebensgeschichte über seinen einjährigen Aufenthalt in Hartkopsbever (1762-1763) berichtet, und Vincenz Zuccalmaglio, bergischer Geschichtsschreiber, der von 1849 bis 1856 als Notar im Haus Islandstraße 52 lebte.

Seit dem 9. Jahrhundert soll es in der näheren Umgebung Eisenerzbergbau und Eisenverarbeitung gegeben haben. Im 11. bis 13. Jahrhundert waren Rennöfen in Betrieb, Reste fanden sich an der Mul. Die günstige Lage an der Wupper mit der Möglichkeit, deren Wasserkraft auszunutzen, führte um 1500 schließlich zur Blüte der Eisenindustrie, desgleichen erneut im 18. Jahrhundert. Im 15. Jahrhundert waren auch Büchsenmacherei und Pulverherstellung hinzugekommen.

Ebenfalls auf mittelalterliche Traditionen geht die Tuchherstellung zurück, zusammen mit Flachsanbau und Leineweberei. Vom 15. bis zum 17. Jahrhundert entstand eine Reihe Walkmühlen. Hückeswagener Tuche waren überregional bekannt. Im 18. Jahrhundert wurden neben Wolltuchen Siamosen, Strümpfe und Kappen hergestellt. Die um 1800 arbeitenden 23 Textilunternehmen beschäftigten mehr als 1 000 Arbeiter, deren Zahl während der Kontinentalsperre schnell auf 200 (1813) sank. In preußischer Zeit erlebte die Textilindustrie ab 1815 erneut einen Aufschwung, sie wurde ab der Mitte des 19. Jahrhunderts durch eine florierende Werkzeug- und Maschinenteilindustrie ergänzt.

Besonders eindrucksvoll ist das Bild der zum Schloß führenden Marktstraße. In dichter Folge unmittelbar an der Straße liegen die verschieferten Wohnhäuser, meist giebelständig, teilweise mit überkragenden Obergeschossen, wie man sie aus spätmittelalterlichen Stadtbildern kennt. Die Höhe der zum Tal freiliegenden Sockelgeschosse, Grundrisse, Gebäudeteilungen – im Extremfall sogar in Firstlinie mit unterschiedlichen Geschoßhöhen – weisen auf ein höheres Alter hin als die auf der Verschieferung sichtbaren Details (Fenster, Eingänge, Gesimse), die auf das 18. und 19. Jahrhundert zurückgehen. Auch die traufständigen, klassizistischen Bauten, mit denen die vorgegebene mittelalterliche Parzellierung aufgebrochen wird, fügen sich harmonisch ein.

Einmalige Versammlung historischer Architektur: Typische Häuser aus der Marktstraße, der Peterstraße und der Friedrichstraße in Hückeswagen (diese und folgende Seite). Vorige Seite: die Altstadt aus der Luft

Das ehemalige Eichamt Marktstraße 34, die alte Waage, Weierbachstraße 4, das Postgebäude in der Peterstraße erinnern an wichtige Funktionen einer historisch bedeutenden Stadt ebenso wie Kirche, Schloß und der Fronhof Islandstraße 55/57 mit seinem Steengaden.

Die Dörfer

Der Grundriß der meisten Oberbergischen Dörfer ist unregelmäßig, die Straßen wurden nachträglich den durch die Bebauung vorgegebenen Strukturen angepaßt. Die Zuordnung der einzeln liegenden Wohn- und Wirtschaftsgebäude und die Straßenführung nehmen wenig Rücksicht auf einen landwirtschaftlichen, spannfähigen Wirtschaftsbetrieb.

Die Ursachen liegen sicher darin, daß die Landwirtschaft nur im Nebenerwerb zu Bergbau, Handel und Handwerk betrieben wurde. Dazu kommen kleinteilige Besitzverhältnisse als Folge der sogenannten Realteilung. Letztere hatte zu einem frühen Zeitpunkt, im 14. Jahrhundert, zur Lockerung und schließlich Auflösung der Abhängigkeiten von der geistlichen und weltlichen Grundherrschaft geführt. Recht bald konnte der Besitz direkt, ohne Einschaltung des Grundherrn vererbt oder verkauft werden. Im 16. Jahrhundert wurden zwar Verordnungen gegen diese Zersplitterung und ungeregelte Veräußerung erlassen, die jedoch wenig Erfolg hatten.

Neben den topographischen Gegebenheiten bestimmten die regionaltypischen Wohn- und Wirtschaftsgebäude das Bild. Im Oberbergischen Kreis gibt es fast ausschließlich offene Gehöftformen. Ohne feste Zuordnung entstanden Einhäuser (Wohn- und Wirtschaftsräume unter einem Dach), zu denen locker gruppierte, je nach Bedarf und geänderter Bewirtschaftungsformen Scheunen und Ställe gehören. Die zweigeschossige Fachwerkkonstruktion ist überall vorherrschend. In anschaulicher Form haben sich die Weiler Nümbrecht-Bruch und Reichshof-Müllerheide erhalten.

Das Dorf Bruch liegt weithin sichtbar vor einem bewaldeten Hang in einer Talaue ausgebreitet. Dadurch wird die wechselnde und freie Zuordnung der Fachwerkgebäude besonders anschaulich. Das leicht ansteigende Gelände führt zur Staffelung der hintereinanderliegenden Häuser,

Eines der Fachwerkgehöfte im Dorf Müllerheide

Schokoladenseite: Fachwerkdorf Bruch vom Hang zwischen Grötzenberg und Winterborn gesehen

die überwiegend aus dem 18. und 19. Jahrhundert stammen. Das sehr geschlossen wirkende Ortsbild, vor allem von der vorbeiführenden Brölstraße aus, ist trotz der starken Veränderungen an den Gebäuden überzeugend.

Ein aussagekräftiges Bild einer Höfegruppe bietet Reichshof-Müllerheide. Mit einer Ausnahme gibt es hier nur Bauernhäuser und Wirtschaftsgebäude aus Fachwerk, die im 18. und 19. Jahrhundert entstanden sind. Müllerheide gehört einer früheren Entwicklungsstufe der Siedlungsstruktur an, als sie durch Nümbrecht-Bruch repräsentiert ist. Ausgehend von Einzelhöfen hatten sich zunächst Höfegruppen gebildet, die sich weiter zu Weilern, unter besonderen Bedingungen zu Kirchdörfern entwikkelten.

Stadtgrundriß Radevormwald

Auf einmalige Weise prägen die weithin sichtbare, durch die Türme dreier Kirchen bestimmte Silhouette und der ovale Stadtgrundriß das historische Gesicht der Stadt Radevormwald. Die Lage auf einem Plateau der Wupperberge begünstigt diese Anschaulichkeit.

Als bergische Grenzfeste gegen das märkische Sauerland, als Abgrenzung zur Grafschaft Hückeswagen und zur Sicherung der alten Handelsstraße Köln-Radevormwald-Lüdenscheid-Kassel wurde die Ansiedlung um 1182 mit Mauer und Graben umfriedet. Um 1316 erfolgte die Stadtrechtsverleihung und 1376 erhielt Radevormwald Marktrecht. Die Umgebung war der Entwicklung einer einträglichen Landwirtschaft wenig günstig, dagegen entwickelte sich schon sehr früh, im 13. Jahrhundert, eine Metall- und Textilindustrie. Dazu gehört weiterhin die Gewinnung von Raseneisenstein und dessen Verhüttung, sowie die Herstellung wollener Tuche, später die Erzeugung von Werkzeugen und Nägeln und die Fertigung von Uhren.

Die Stadtbefestigung bestand aus Gräben, Wällen, Mauern und Toren, die ihren Namen aus den Orten der Richtung herleiteten, in die sie sich öffneten. Die heutige Kaiserstraße war der innerstädtische Teil des alten Handelsweges zwischen Köln und Kassel mit dem dazugehörigen Markt in der Mitte. Sie war an ihren Enden durch Stadttore verschlossen. Eine im Jahre 1350 wütende Pestepedemie schadete der Entwicklung der Stadt nachhaltig, Anlaß für Adolph von Berg, im Jahr 1400 Privilegien und Rechte erneut zu bestätigen. Verheerende Brände zerstörten 1525 und 1571 fast alle Gebäude der Stadt, deren Wiederaufbau galt 1608 als abgeschlossen.

Die drei Kirchen unterschiedlicher Konfessionen haben eine sehr alte Tradition: 1591 erfolgte der Übertritt der meisten Bewohner zum reformierten Bekenntnis und 1612 die Spaltung in eine lutherische und eine reformierte Gemeinde. Die Auswirkungen des jülich-klevischen Erbfolgestreites beeinträchtigten im 17. Jahrhundert die Entwicklung Radevormwaldes ebenso wie der Dreißigjährige Krieg. Mit dem Hauptvergleich zu Kleve 1666 fiel mit dem Herzogtum Berg auch die Stadt an das Kurfürstentum Pfalz-Neuburg. Die kriegerischen Auseinandersetzungen zu Zeiten des Streites hatten Mauern und Türme erneut zerstört, die jedoch 1700 wiederhergestellt waren.

Am 24.08.1802 brach wiederum ein Feuer aus, das innerhalb von zwei Stunden 436 Häuser, das Rathaus, reformierte und lutherische Kirche und die Schulen zerstörte. Nur die katholische Kirche, ein Privathaus und ein Gartenpavillon blieben verschont. Amtsrichter Vetter war sofort mit der Liquidation der Bauschäden beauftragt worden, seitens der kurfürstlichen Landesdirektion in Düsseldorf wurde den Bürgern zunächst eigene Aufbautätigkeit verboten - wohl in Hinsicht auf ein einheitliches Stadtbild. Geometer Braß aus Hückeswagen hatte eine Karte der Stadt zu erstellen. Durch Hofbaumeister Huschberger aus Düsseldorf wurden vier Alternativpläne zum Wiederaufbau entwickelt. Nur einer davon ging von einer Beibehaltung des alten Straßennetzes und der historischen Parzellierung aus.

Nach welchem Plan der Wiederaufbau vorgenommen wurde ist nicht bekannt, deshalb können keine Aussagen über das Verhältnis des Stadtgrundrisses vor und nach 1802 gemacht werden. Überliefert ist, daß 1803 bereits 60 Häuser errichtet waren, bis 1805 die Pfarr- und Schulhäuser sowie die Kirchenschiffe der reformierten und der lutherischen Gemeinde. Man nutzte die Möglichkeit, die Stadt zu entfestigen. 1815 galt der Wiederaufbau als abgeschlossen. In preußischer Zeit ab 1815 folgte die Befestigung der Straßen, 1833 wurde eine Personenpost Halver-Radevormwald und Lennep eingerichtet und 1890 erhält die Stadt Eisenbahnanschluß.

Der sehr charakteristische Stadtgrundriß mit seinen radial vom Markt ausgehenden Straßen muß vor dem Hintergrund des Wiederaufbaues nach 1802 gesehen werden, dessen Konzeption nicht bekannt ist. Jedoch lohnt ein Vergleich mit dem Grundriß des nahegelegenen Lennep. Auch hier finden sich Kirche und Markt in der Mitte, davon ausgehend mehrere radial geführte Straßen, die jedoch durch Verbindungswege nicht so nachdrücklich ausgebildet sind. Bedenkt man aber, daß mit dem Wiederaufbau sicher Fluchtlinienfestlegungen verbunden waren, die zumindest eine Vereinheitlichung der Straßenbreite zur Folge hatten, wird die Verwandtschaft beider Stadtgrundrisse sehr deutlich. In räumlicher Nähe gelegen, gehen sie wahrscheinlich auf vergleichbare Ordnungsprinzipien zurück. Es ist deshalb berechtigt anzunehmen, daß der heutige Stadtgrundriß die mittelalterliche Anlage durchscheinen läßt.

Trotz sich ausbreitender Neubaugebiete gibt es von bestimmten Höhen aus die Möglichkeit, die durch ihre Kirchtürme bestimmte, beeindruckende Silhouette wahrzunehmen. Auch der Straßenverlauf und der Umriß des ummauerten Stadtkernes blieben, auch aufgrund einer mit Ausnahmen maßstäblichen Bebauung ablesbar. Er ist, trotz Ungewißheiten bezüglich seiner historischen Festlegung Zeugnis der Stadtentwicklung Radevormwalds, einer der ältesten und bedeutendsten Städte des Kreisgebietes.

Literatur in Auswahl

Mieke Brinkmann, Heinrich Müller-Miny: Der Oberbergische Kreis - Die Deutschen Landkreise. Die Landkreise in Nordrhein-Westfalen, Reihe A: Nordrhein Band 6, Bonn 1965 - mit vielen Literaturangaben zu allen Gebieten.
Aus der gleichen Reihe Band 8:
Karl Hermer, Heinrich Müller-Miny: Der Rheinisch-Bergische Kreis, Bonn 1974. Ebenfalls mit zahlreichen Literaturangaben.

Dietrich Rentsch: Oberbergischer Kreis = Rudolf Wesenberg, Albert Verbeek (Hrsg.): Die Denkmäler des Rheinlandes. 2 Bände, Düsseldorf 1967. Reichhaltige Literaturangaben zur Kunst- und Architekturgeschichte.

Gerda Panofsky-Soergel: Rheinisch-Bergischer Kreis = Rudolf Wesenberg, Albert Verbeek (Hrsg.): Die Denkmäler des Rheinlandes. 3 Bände, Düsseldorf 1972. Viele Literaturangaben zur Kunst- und Architekturgeschichte.

Konrad Bedal: Historische Hausforschung. Eine Einführung in Arbeitsweise, Begriffe und Literatur. = Beiträge zur Volkskultur in Nordwestdeutschland, herausgegeben von der volkskundlichen Kommission für Westfalen, Landschaftsverband Westfalen-Lippe. Heft 8, Münster 1978. Mit viel grundlegender Literatur und deren Bedeutung.

Eduard Trier, Willy Weyres: Die Kunst des 19. Jahrhunderts im Rheinland. 5 Bände. Architektur II: Profane Bauten und Städtebau

Gerhard Eitzen: Oberbergische Bauernhausformen im 16. und 17. Jahrhundert. In: Rheinische Vierteljahrsblätter 28, 1963, S. 250 ff.

Gerhard Eitzen: Rheinisch-Bergische Bauernhäuser aus dem 16. und 17. Jahrhundert. In: Rheinisch-Bergischer Kalender 35, 1965 S. 15 ff.

Justinus Bendermacher: Dorfformen im Rheinland. Auszüge aus dem Kurzinventaren rheinischer Dörfer 1948-1969. Köln 1971

Erich Luckey (Hrsg.): Technik und Industriegeschichte aus dem Oberbergischen Land. Wuppertal 1996

Karlheinz-Hottes: Die zentralen Orte im Oberbergischen Lande = Forschungen zur deutschen Landeskunde Band 69, Remagen 1954

Hermann Holschbach: Von den Bodenschätzen des Bergischen Landes und ihrer Gewinnung. Lennep 1953

Ders: Das Verkehrsproblem des Bergischen Landes im Zeitalter der Industrialisierung. Der Kampf um die Eisenbahn. Lennep 1960

Regina Timmermann: Talsperren am Nordrand des Rheinischen Schiefergebirges. Landshut 1951

Waltraut Melsheimer: Burgen und Ämter im bergischen Land. Zur Entwicklung der bergischen Amtsbezirke im Spätmittelalter. In: Zeitschrift des bergischen Geschichtsvereins 89, S. 1 ff.

Rheinische Jugendherbergen - Zeitschrift des Rheinischen Vereins für Denkmalpflege und Heimatschutz, Jahrg. 20, Heft 3, 1928

E. Renard: Die Kunstdenkmäler der Kreise Gummersbach, Waldbröl und Wipperfürth = P. Clemen (Hrsg.), Die Kunstdenkmäler der Rheinprovinz Bd. V,1, Düsseldorf 1900

P. Clemen, E. Renard: Die Kunstdenkmäler des Kreises Mülheim am Rhein = P. Clemen (Hrsg.), Die Kunstdenkmäler der Rheinprovinz Bd. V, 2, Düsseldorf 1901

Ernst Habermas: Die Entwicklung der oberbergischen Steinbruchindustrie unter besonderer Berücksichtigung der Grauwacke. Diss. Köln 1925

Wolfgang Schwarze: Wohnkultur des 18. Jh. im Bergischen Land. Wuppertal 1964

Heimatverein „Feste Neustadt" (Hrsg.), Festbuch zur 650-Jahrfeier von Bergneustadt, Bergneustadt 1951

Peter Opladen, Edmund Schiefeling: Engelskirchen im Aggertal. Ein Heimatbuch. Engelskirchen 1951

Günter Schmidt (Bearb.): Kleines Heimatbuch Ründeroth, 2. Auflage, Gummersbach 1965

Jürgen Woelke: Alt-Gummersbach, Band I und II, GM. 1980

Stadt Hückeswagen (Hrsg.): 900 Jahre Hückeswagen 1085-1985. Hückeswagen 1984

Dr. Gerd Müller: Lindlar, eine Bergische Gemeinde erzählt. Lindlar 1976

Christoph Buchen, Erwin Weber: Die Gemeinde Morsbach in alten Bildern. Morsbach 1981

Gemeinde Morsbach (Hrsg.): 1100 Jahre Morsbach, Morsbach 1995

Bernhard Sieper: Radevormwald damals und heute. 2 Bände, Radevormwald 1982/83

Oswald Gerhard: Eckenhagen und Denklingen im Wandel der Zeiten. Eckenhagen 1953

Karl Egon Siepmann: Aus der Geschichte von Burg und Dorf Denklingen. Denklingen 1982

Otto Budde: Waldbröl wie es wurde, was es ist...

Hans Kraus: Die Stadt Wipperfürth. Meinerzhagen 1977

Otto Kaufmann: Homburgische Bräuche, Verlag Gronenberg, Gummersbach, 1981

Alfred Nehls: Aller Reichtum lag in der Erde - Die Geschichte des Bergbaus im Oberbergischen Kreis, Verlag Gronenberg, Gummersbach, 1993.

Alfred Nehls: Als in den Tälern die Hämmer dröhnten - Die Geschichte der Eisenindustrie im Oberbergischen Kreis, Verlag Gronenberg, Gummersbach, 1996

Kleines Architekturglossar

Abfasung, abgefast	Abgekantet, abkanten, Wegnehmen einer Kante zugunsten einer schmalen Fläche = Fase
Ackerburg, Ackerbürger	nichtadeliges oft burgähnliches Burghaus reicher Bürger = Ackerbürger
Akanthusfries	vgl. Fries
Anker, Ankerbalken	Konstruktive Vorrichtung zur Verbindung zweier Bauteile. Zur Verankerung z.B. von → Ankerbalken im Mauerwerk werden außen Zieranker in Form von Zahlen, Kreuzen, Tellern oder Platten - meist aus Eisen - angebracht.
Auslucht	vgl. Erker
Baldachin	dachartiger Aufbau, meist über einer auf einer Konsole oder Podest stehenden Figur
Baluster	kleines Stützelement (an Treppen oder Balkonen) mit stark profiliertem Schaft
Barock	Stil der europäischen Kunst von 1600 - 1750 seine Merkmale sind bewegte Gliederungen, Vorliebe für repräsentative Anordnungen, Pracht, Pathos, Fülle. Im 19. Jahrhundert wurde dieser Stil in Reaktion auf den → Klassizismus als Neu- oder Neobarock entweder historischen Vorbildern nachgebildet oder schöpferisch umgestaltet.
Bogenformen	aus dem Kreis entwickelte Formen, in der Architektur am häufigsten als oberer Abschluß von Räumen oder Maueröffnungen verwandt. Der einfachste Bogen ist der Halbkreis, eine ausgeschnittene Kreisform der Segment- oder Flachbogen, zwei Bogenelemente spitzbogig zugeordnet der Spitzbogen, der Stichbogen ist nur leicht gekrümmt usw. Man kann die Bogenform drücken (z. B. einen Segmentbogen zum Korbbogen) oder überhöhen (stelzen). Man kann sie erweitern, z.B. zum Kleeblattbogen oder in der Rundung gerade beschneiden, z.B. zum Schulterbogen. Man kann die Bögen nach innen schwingen lassen, z.B. zum Kielbogen.
Chorschluß	halbrunder oder mehreckiger → polygonaler Abschluß des Chores einer Kirche
Dachfenster	Öffnungen zur Beleuchtung und Belüftung des Dachraumes, die an der geneigten Dachfläche angeordnet sind. Sie können liegend oder mit senkrechter Fensterfläche als Erhebung ausgebildet sein. Zu letzteren gehören Gaupen (Gauben), Dachhäuser oder Zwerchhäuser.

Dachformen	bestimmt durch die Anordnung der geneigten Dachflächen. Beim → Krüppelwalmdach ist der oberste Teil der Giebelseiten abgewalmt, d. h. geneigt. Dieser Giebelwalm wird auch als → Schopf bezeichnet. Das → Mansarddach ist ein geknicktes Dach mit stärkerer Neigung im unteren und geringerer im oberen Teil. Im unteren Teil ist meist eine Mansarde (Dachwohnung) untergebracht, deshalb ist dieser Bereich durchfenstert. Beim → Mansarddach kann auch der Giebel wie beim Krüppelwalmdach geneigt sein (= Mansarddach mit Krüppelwalm oder Schopf). Das → Satteldach ist die am häufigsten vorkommende Form, bei der zwei Dachflächen in unterschiedlichen Winkeln einander zugeordnet sind, wobei zwei senkrechte, dreieckig abschließende Giebelseiten entstehen. Beim → Walmdach sind alle vier Seiten in gleicher Höhe geneigt.
Dachhaus	vgl. Dachfenster
Dachreiter	kleines, auf dem First aufsitzendes Türmchen
Drempel	Kniestock, Halbgeschoß, dessen Räume in das Dach hineinragen. Häufig wird er durch ein → Drempelgesims zum darunterliegenden Geschoß gliedernd abgegrenzt.
Drillingsfenster	vgl. Fensterformen
Entlastungsbogen	Bogen innerhalb des Mauerwerkes, der eine Öffnung überspannt.
Erker	auskragender, ein- oder mehrgeschossiger Gebäudeteil an der Fassade oder Ecke zur Erweiterung des dahinterliegenden Raumes. → Die Auslucht dagegen ist ein vom Boden aufsteigender, erkerartiger Anbau.
Fensterformen	rechteckig oder mit konkav oder konvex gerundeteten Abschluß (→ Sturz), in runder Form (→ Okulus), ovaler oder spezieller Ausbildung (z.B. Schlüssellochfenster). Durch → Verdachungen in Form von Giebeln oder Segmenten oder mittels Reihung zu → Zwillings- oder Drillingsfenstern sowie zu Fensterbändern können Fenster zur Gestaltung der Fassade beitragen.
Formstein	vorgefertigtes Stein- oder Ziegelmaterial in spezieller Form, das an der dafür vorgesehener Stelle (z. B: → Fenstergewände, Türrahmen, → Gesimsen usw.) eingebaut wird.
Fries	schmale Streifen oder Bänder zur Begrenzung und Dekorierung von Architekturteilen, mit Ornamenten oder Figuren plastisch oder farbig abgesetzt. Der → Akanthusfries besteht aus einer fortlaufenden Reihung von stilisierten Akanthusblättern, einer mittelmeerischen Distelart. Ebenso bestehen der → Konsol- und der → Kassettenfries aus einer Reihung von Konsolen oder Kassettenreliefs.
Gaupe/Gaube	vgl. Dachfenster
Gebälkstück	Gebälk ist die Gesamtheit von Balken (z.B. der Dachkonstruktion) In der antiken Kunst Teil des oberen Abschlusses der Säule. → Das Gebälkstück ist ein schmückendes Architekturteil, das durch seine Profilierung des Eindruck von Balken erweckt.

Gesims	Bauteil, der die Außenflächen in Abschnitte gliedert. Je nach Lage gibt es z.B. → Drempel-, → Giebel-, Sockel-, → Sohlbank- oder Traufgesimse. Das Gesims kann kastenförmig (→ Kastengesims) oder -profiliert sein sowie aus einer Reihenfolge von Einzelteilen (z.B. → Konsolen, Balkenköpfen) bestehen.
Gewände	schräg zulaufende Einschnittflächen in die Mauer bei Fenstern und Eingängen. Das Gewände kann profiliert oder mit Figuren oder Säulen geschmückt sein.
Gewölbe	Deckenform oder oberer Abschluß des Raumes. Das einfachste Gewölbe ist das → Tonnengewölbe, dessen Abschlußbogen von halbkreisförmigen Querschnitt ist. Dieser kann gedrückt (Flachtonne) oder erhöht (Spitztonne) sein. Werden die einem tonnengewölbten Raum zugeordneten Fenster oder Türöffnungen separat überwölbt entstehen → Kappen. Werden zwei Tonnen in rechtwinkliger Zuordnung verschnitten, entsteht ein Kreuzgratgewölbe, betont man die Grate zusätzlich oder überzieht die Wölbung mit einem System von Rippen, entsteht ein Kreuzrippen-, Stern- oder Netzgewölbe.
Giebel	entweder der senkrechte Abschluß des -→ Satteldaches oder Bekrönung eines Architekturteiles (→ Verdachung von Fenstern oder Eingängen). Er kann der Dachform entsprechend dreieckig oder geknickt sein, weiterhin durch Verblendung geformt sein als → Treppen- oder Stufengiebel, als → Schweifgiebel mit kurvigen Abschluß durch Voluten gerahmt.
Gotik	Stil der europäischen mittelalterlichen Kunst zwischen der Mitte des 12. Jahrhunderts und dem Anfang des 16. Jahrhunderts. Besondere Blüte erlebte die gotische Architektur in Frankreich, Deutschland und England. Typisch für die gotische Baukunst ist die Lösung der aufgrund der starken Durchfensterung und der enormen Bauhöhen entstandenen statischen Probleme durch ein gerüsthaftes System von außen angebrachter tragender Strebepfeiler und -bögen, dem im Inneren die besondere Bedeutung der Gewölbe durch Rippen, die Gliederung der Wände durch profilierte Wandvorlagen entspricht. Charakteristisch ist der spitz zulaufende Bogen (→ Spitzbogen). Im 19. Jahrhundert wurde dieser Stil vor allem im Kirchenbau als → Neu- oder Neogotik wieder aufgegriffen.
Historismus	→ Neu- oder Neostile. Historische Kunst- und Architekturformen z.B. der Gotik, der Renaissance oder des Barock werden vor allem in der zweiten Hälfte des 19. Jahrhunderts wieder aufgegriffen, nachgebildet oder - vor allem für die vielen neuen Bauaufgaben einer differenzierter gewordenen Gesellschaft - schöpferisch umgestaltet.
Kanneluren	senkrechte Rillen -kanneliert
Kappengewölbe	vgl. Gewölbe
Keilstein	keilförmiger Stein für den Bau von Bögen und Gewölben

Klassizismus	Stilstufe der europäischen Kunst und Architektur zwischen 1770 und 1830. Als Reaktion auf den (Barock oder seine Spätform, das Rokoko), im Sinne einer Erneuerung im Geist der Antike entstanden. In der Architektur bedeutet das die Verwendung von klaren, der Antike nachempfundenen aber nicht nachgeahmten Formen, Betonung der Horizontale, kubische Baukörper. Die in dieser Zeit entwickelten Wohnhaustypen wurden vor allem in Preußen und damit verbunden auch im Rheinland mit geringen Abweichungen bis um 1870 beibehalten und prägen als spätklassizistische Bauten viele Wohnstraßen.
Konsole	Vorspringendes Architekturelement zur Aufstellung von Figuren oder zur Auflage von Bögen, Balken, Balkonen, → Erkern, → Gewölben usw.
Kielbogen	vgl. Bogenformen
Kleeblattbogen	vgl. Bogenformen
Korbbogen	vgl. Bogenformen
Krüppelwalmdach	vgl. Dachformen
Laterne	durchfensterter Aufsatz auf einer Kuppel oder einem Turm
Lisene	plastische vertikale Mauerverstärkung zur Gliederung von Fassaden
Mansarddach	vgl. Dachformen
Maßwerk	schmückendes Gliederwerk zur Unterteilung von Fenstern. Besondere Schmuckform vor allem der Gotik, in dieser Zeit abgeleitet aus den Formen des Kreises, aus Stein gefertigt als Fenstergliederung oder als Wandgliederung.
Mezzanin	Zwischengeschoß
Neu- oder Neostile	vgl. Historismus
Oberlicht	am bergischen Haus das den Flur beleuchtende Fenster über der Tür
Okulus/Okuli	kleines Rundfenster
Pilaster	Wandpfeiler, mehr oder weniger stark hervortretend, der im Gegensatz zur → Lisene in Fuß, Schaft und Kapitell gegliedert ist. Der Schaft kann z.B. → kanneliert sein.
Polygonal	vieleckig
profiliert	im Schnitt eckig, rund oder gekehlt
Putznutungen, Putzquaderung	Nachahmung von Mauerwerk durch Scheinfugen und Ritzungen im Putz.
Quader, Eckquaderung	regelmäßig geformte Werksteine. Bei Putz- oder Bruchsteinbauten werden die Gebäudeecken gern durch übereinanderliegende Quader betont.
Rauchbühne	Boden im Dachraum, auf dem bei schornsteinlosen Bauernhäusern sich die Schadstoffe ablagern konnten.
Risalit	aus der Bauflucht hervortretender Teil eines Gebäudes, manchmal über die Firstlinie hinausragend, häufig auch mit eigenem Dach. Ist der Teil jedoch niedriger als der Hauptbau, handelt es sich um einen Vorbau, übersteigt er eine gewisse Tiefe, ist es ein Gebäudeflügel.
Satteldach	vgl. Dachformen

Schabrake	Abdeckung, vorhangartiger Abschluß (z. B. v. Rolladenkästen)
Schulterbogen	vgl. Bogenformen
Schweifgiebel	vgl. Giebel
Segmentbogen	vgl. Bogenformen
Siamosen	Baumwollgewebearten zur Herstellung von Schürzen und Bettwäsche
Sohlbank	unterer Abschluß des Fensters
Spitzbogen	vgl. Bogenformen
Sturz	horizontaler oberer Abschluß einer Fenster- oder Türöffnung
tonnlägig	bergmännische Art, Schächte anzulegen (Streckenvortrieb), horizontal mit leichter Neigung zum Abfließen des Wassers.
Treppengiebel	vgl. Giebel
Tonnengewölbe	vgl. Gewölbe
Walmdach	vgl. Dachformen
Werkstein	regelmäßig bearbeiteter Naturstein von unterschiedlicher Herkunft oder Gestaltung (z. B. als Diamantquader, Bossenquader oder mit glatten Flächen usw. als vorgefertigter Architekturteil)
Verdachung	vorspringender Architekturteil über einer Maueröffnung (z.B. Fenster- oder Eingangsverdachung)
Volute	spiralförmiges Schmuckelement
Zinne	Brustwehr als Abschluß von m.a. Stadtmauern oder Wehrmauern an Burgen und Schlössern von unterschiedlicher Form. → Zinnenkranz in späterer Zeit dekorative Mauer- oder Dachbekrönung, Abfolge von unterschiedlich geformten Erhebungen im Mauerabschluß.
Zopfstil	Erscheinung zur Zeit des (Rokoko (vgl. → Barock) in der deutschen Kunst zwischen 1760 und 1780, der die Zopfmode der Zeit den Namen gegeben hat.
Zwillingsfenster	vgl. Fensterformen

Literatur:

Hans Koepf:Bildwörterbuch der Architektur. 2. Aufl. Stuttgart 1974

Nikolaus Pevsner: Lexikon der Weltarchitektur, Darmstadt 1971

Johannes Jahn: Wörterbuch der Kunst, Berlin 1957

Brockhaus Enzyklopädie in 20 Bänden. 17. Auflage Wiesbaden 1966

Konrad Bedal: Historische Hausforschung, Münster 1978